U0789814

GIS Web 服务研究

姚鹤岭　著

黄 河 水 利 出 版 社

图书在版编目（CIP）数据

GIS Web服务研究/姚鹤岭著. —郑州：黄河水利出版社，2007.8

ISBN 978-7-80734-253-3

Ⅰ.G… Ⅱ.姚… Ⅲ.计算机应用-地理信息系统-研究 Ⅳ. P91-39

中国版本图书馆CIP数据核字（2007）第127324号

组稿编辑：岳德军　手机：13838122133　E-mail：dejunyue@163.com

出 版 社：黄河水利出版社

地址：河南省郑州市金水路11号　邮政编码：450003

发行单位：黄河水利出版社

发行部电话:0371-66026940　传真:0371-66022620

E-mail:hhslcbs@126.com

承印单位:黄河水利委员会印刷厂

开本:850mm×1 168mm　1/32

印张:5

字数:139千字　印数:1—1 000

版次:2007年9月第1版　印次:2007年9月第1次印刷

书号:ISBN 978-7-80734-253-3/P·72　定价:12.00元

前　言

近年来,IT 技术的进展对 GIS 的发展产生了巨大的影响,随着因特网的普及,GIS 突破了传统封闭的单机系统模式,更多地向 Web GIS 和分布式 GIS 的方向发展。Web 服务技术和面向服务的体系结构作为 IT 领域的最新进展,已经对企业软件的开发产生深远的影响。和 IT 技术密切相关的 GIS 能否从这些趋势中受益,是从事 GIS 的研究人员必须考虑的。本书在分析和研究这些趋势以及国内外相关领域研究成果的基础上,对 GIS Web 服务从理论到实践的一些方面进行了系统的研究和探讨。

本书主要包括以下内容:

(1)对 GIS Web 服务的研究内容、研究与应用现状进行了全面、深入的探讨。

(2)对 GIS Web 服务的技术背景作了全面总结。

(3)对 GIS 互操作的内涵和实质进行深入分析,指出基于接口的互操作是实现 GIS 互操作的首要技术途径。

(4)对主要的分布式计算平台,包括微软公司的.NET、Sun 公司的 J2EE 和 OMG 的 CORBA 等,进行了对比分析,分别指出其优势与弱点。特别地,对基于 SOAP 协议的 Web 服务与基于 REST 的 Web 服务的特点进行比较,指出使用基于 REST 架构风格的 GIS Web 服务具有松散耦合、互操作性、开放性等特点,对于 GIS 互操作的实现具有重要意义。

(5)在探讨 GIS Web 服务概念的基础上,提出了基于 REST 的 Web 服务(GWS)的技术模型,指出 GWS 技术模型是个主要由客户层、服务层、应用逻辑层和数据层组成的多层架构,对 GWS 技术模型中层次的划分进行了说明,并指出了 GWS 优势以及和 Web GIS 的不同。

(6)以 GWS 技术模型为基础,就基于 REST 的 GIS Web 服务的实现机制，包括服务描述机制、服务定位与发现（服务元数据的表示形式）、服务交互与调用和安全机制等方面进行了深入阐述。

(7)在对 GIS Web 服务的理论研究的基础上，探讨设计、实现 GIS Web 服务需要考虑各个方面的问题，包括设计目标、开发方法、技术手段等。

本书不足之处在所难免，恳请广大读者予以批评指正。

作 者

2007 年 3 月

目 录

第1章 绪 论

1.1 GIS Web 服务的研究背景

随着 Internet 技术的发展与普及，网络化成为 GIS 发展的必然趋势，Longley 等认为“WWW 的到来是 GIS 领域近 20 年中最重要、最令人鼓舞的发展”，甚至认为“WWW 的出现标志着传统 GIS 已经彻底死亡”。尽管“传统 GIS 已死亡”的说法值得商榷，近几年来有关 Web 技术在 GIS 中应用的研究层出不穷，Web GIS 及相关技术成为学术界、产业界关注的热点，这也是不争的事实。

Web GIS 的发展使得网络用户得以通过互联网浏览空间数据、制作专题图以及进行简单的空间检索和空间分析。也就是说，Web GIS 较好地解决了地图的共享问题，但对空间数据、服务互操作的实现帮助甚微。一般认为，现有的 Web GIS 实现主要有以下几个方面的问题：①无法实现异构空间数据互操作；②无法实现跨平台；③开发、调试和维护困难等。由于这些问题的存在，不同 Web GIS 之间很难实现互操作，用户的已有投资得不到保护，这对于大中型 GIS 应用来说是不能接受的，也不能满足 GIS 继续发展的需要。

Web 服务的出现给上述问题的解决带来了一线光明，许多学者都对 Web 服务在 GIS 中的应用、特别是对 GIS 互操作的支持进行了研究。相关研究中的 Web 服务一般是指基于 SOAP、WSDL、UDDI 等协议的 Web 服务；SOAP Web 服务是较新的技术，许多相关协议仍在不断发展中，还不够成熟，而且与互联网的结合并不紧密。基于 REST (REpresentational State Transfer，表示状态传递)的 Web 服务则构建在互联网标准协议 HTTP、URI、XML 等的基础上，也就避免了上述问题。因此，本书就基于 REST 的 Web 服务在 GIS 中的应用进行了探讨，提出基于 REST 风格的、具有通用性的 GIS Web 服务(GWS)构架；这种 GWS 不只适用 B2B、企业应用集成等少数场合，而且为下一步的 GeoWeb 的实现进行了尝试性研究，也可以认为 GWS 是实现 GeoWeb 的前奏。

1.1.1 IT 技术对 GIS 的影响

从第一个地理信息系统(CGIS)诞生至今，GIS 已有 40 多年的发展历史。软件是 GIS 的核心组成部分(计算机软件、硬件，地理数据，人员和组织)之一，随着 IT 技术的发展，GIS 软件体系结构逐步推进，主要经历以下几个阶段：集成式 GIS、模块式 GIS、核心式 GIS、组件式 GIS 和 Web GIS 等。从 GIS 的发展历程来看，GIS 系统与信息技术的发展密不可分，后者是前者的基础，而前者是后者的应用。模块化 GIS 和核心式 GIS 得益于结构化编程技术的影响，组件技术的应用导致了组件式 GIS 的出现，Internet 的普及则促进了 Web GIS 的发展。

时至今日，不管是大型的 GIS 应用，如 ESRI 的 ArcGIS Server、ObjectFX 公司的基于 J2EE 的 SpatialFX 系列产品，还是 ArcGIS 桌面版、Mapinfo、SuperMap 等桌面 GIS，大都是基于组件技术构建的系统。Web GIS 也十分普及，几乎所有的 GIS 厂商都推出了自主的 Web GIS 产品，该技术的发展使得数字地图的发布变得非常简单，一般 Internet 用户也可以通过互联网浏览空间数据、制作专题图以及进行简单的空间检索和空间分析。

得益于 IT 技术的进步，GIS 的发展与普及达到前所未有的高度。但另一方面，由于 Web GIS 本身的结构特点和厂商的利益驱动(使用专有技术)等因素，不同厂商的 Web GIS 之间很难实现互操作，用户的已有投资得不到保护；与机构内、机构间信息系统的整合也十分困难，甚至根本不可能。因此，大家渐渐地把目光投向开放的技术/标准。

1.1.2 Web 服务与 SOA

分布计算技术和组件技术为促进 GIS 的发展作出了卓越贡献，但这些技术本身仍在不断进步，Web 服务技术和 SOA(Service Oriented

Architecture,面向服务的体系结构)就是分布计算领域的最新进展。

顾名思义,Web 服务就是可在 Web 上调用的服务。一个典型的 Web 服务流程是这样的:客户应用程序通过 HTTP 协议向位于特定 URL 的 Web 服务发出以特定的格式编码的 XML 请求消息;该服务收到请求后,进行处理,然后以特定的格式返回应答消息。常见的 Web 服务可以为客户提供特定股票的交易信息,为物流企业的货物运输提供最佳路线等。

Web 服务是一个崭新的分布式计算模型,廉价的带宽、存储设备和无处不在的计算设施使 Web 服务成为可能。该技术是一系列标准的综合,这些标准包括 XML、SOAP、UDDI、WSDL 和 WSFL 等。Web 服务利用这些标准提供了一个松散耦合的分布式计算环境;在 Web 服务的模型中,厂商将其服务成一个个相对独立的 Web 服务,每个服务提供某类功能,客户可以通过绑定在 HTTP 之上的 SOAP 协议来访问这些服务。

Web 服务具有完好的封装性、松散耦合、使用标准协议规范、高度可集成能力等特点,一经发布,其他应用程序(Web 服务)即可发现、激活(调用)该服务。Web 服务之所以重要,是因为它被实施成用于现有系统集成的一层,而不是重新提出全新的体系结构。尽管 Web 服务系统还是以客户/服务器技术为基础,Web 服务使用的网络层与传统的 C/S 大不相同,可以是任何开放或安全的网络。Web 服务采用了无状态连接技术,使永久性网络连接不再必须,网络节点可以只在必需时再进行连接。这种结构对于分布式 GIS 系统的实施具有很高实用价值,对于困扰业界的 GIS 互操作问题的解决同样很有帮助。

与 Web 服务几乎同时出现的面向服务的体系结构,并不是全新的概念。Pallos 认为 SOA 是由组件、服务、业务过程组成的可以满足机构业务需求的体系结构,而 SOA 的核心概念“重用”和“互操作”,在 IT 界已存在了 20 多年。从某种意义上说,SOA 更多是一些指导原则,并不依赖具体的实现技术。尽管 SOA 概念的提出和 Web 服务技术的发展有相当的联系,但 SOA 完全可以使用其他技术实现。也就是说,SOA 提供了框架,Web 服务则是实现 SOA 的一种具体技术。SOA 的特点是用服务的观点设计、实现系统功能,因此有助于代码重用,降低成本、风险,还可缩短产品进入市场的时间。SOA 体系结构如图 1.1。

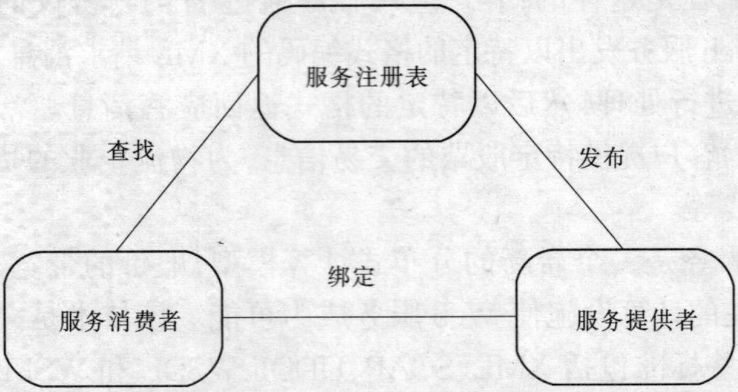

图 1.1 面向服务的体系结构(SOA)

1.2 GIS Web 服务的研究和应用现状

1.2.1 研究与应用现状

随着因特网的普及,传统的 GIS 逐步从单机的"信息孤岛"步入网络的海洋,Web GIS 逐步进入人们的日常生活。在过去几年间,Web GIS 的架构得到充分研究,基本已达成共识:采用的实现技术不外乎 CGI、服务器端 API、浏览器插件(plugin)、Java 小程序、ActiveX 等。几乎每家主要的 GIS 厂商都推出自有的 Web GIS,一时间市面上涌现众多 Web GIS 产品,如 ESRI 公司的 ArcIMS、Mapinfo 公司的 MapExtreme、Intergraph 的 GeoMedia Web Map、Autodesk 的 MapGuide、武汉吉奥信息工程公司的 GeoSurf 等。

经过数年的发展,Web GIS 的功能更加丰富,不再是简单地在线地图浏览、下载。基于 Web GIS 技术的网站除了在线地图服务,提供丰富的数据服务和处理功能,比如,雅虎公司的 Yahoo! Maps 网站可为驾驶员提供基于地图的行车路线指南、实时的交通信息等。微软的 TerraServer 网站不仅可以下载数字地图,还提供美国全境的航空摄像片(aerial photograph,见图 1.2)。

图 1.2　TerraServer 的航空摄像片服务

Web 服务作为 IT 业界的新宠，自然不会被地理信息业界的研究者、从业者忽视。大家关心 Web 服务技术能否成功地与 GIS 整合，开始进行相关研究、尝试。

以率先在网上发布电子地图而闻名的 mapquest，现在每天下载的地图数量超出 20 000 000，为深化业务，推出了 Web 服务，已拥有1 400 个客户。ESRI 公司的 ArcWeb 服务，微软公司的 Mappoint. Net，都是基于 Web 服务技术实现的；上面提到的 TerraServer 也提供了基于 SOAP 协议的 Web 服务接口。这些服务都是基于 SOAP 的 Web 服务的简单应用，主要是把 GIS 的功能用 SOAP 接口加以包装，提供给开发商。实施难度不大，只是 SOAP Web 服务技术在 GIS 领域中的基础应用。

OGC 是 GIS Web 服务的又一个主要的推动者。开放地理信息系统协会(OGC)成立于 1994 年，其目标是建立一套针对 GIS 互操作的数据、技术规范，为 GIS 数据共享、互操作奠定基础。OGC 的宗旨之一就是空间数据、服务的互操作，因此 Web 服务的发展自然得到 OGC 的关注；OGC 正在进行 Web 服务相关技术的研究，如 UDDI、SOAP 等在

GIS中的应用等,推出的WMS、WFS、WCS系列OGC Web Servcies(OWS)规范得到业界的广泛支持;值得注意的是,OGC推出的主要OWS规范并非基于SOAP、WSDL、UDDI等,而是基于HTTP 、URI、XML等标准,即更接近REST Web服务而非SOAP Web服务。

1.2.2 存在问题

虽然国内外对GIS Web服务有一些研究,并有商业应用出现。但作者在该领域探索的过程中,仍然发现一些需要进一步研究的领域和问题,主要包括以下几个方面。

上面提到的商用GIS Web服务,包括微软的MapPoint .Net和ESRI的ArcWeb服务,都是使用厂商专有技术实现;也就是说,这些技术并不适用异构平台上的集成GIS的实现。如ArcWeb是ESRI公司在其专有技术的基础上构建的GIS Web服务,公司网站上的技术资料只是对ArcWeb使用的说明,关于其实现细节、具体框架、组成部分等内容言之甚少。尽管ArcWeb业已投入使用,但我们尚不了解其内部运行机制。ESRI公司关于ArcWeb的白皮书也只是简单的使用说明,对于如何实现、难点等只字未提。至于微软的MapPoint .Net,从名字就可以看出,只适合在微软的.Net平台上部署;和ArcWeb具有同样的问题。

商用GIS Web服务都是基于SOAP协议构建的,而SOAP的可伸缩性能否达到Web级水平,是值得怀疑的。而且,除了常见的基于SOAP协议的Web服务,Web服务还可以是基于REST架构的。REST是对Web成功原则的抽象,和SOAP Web服务相比更为简单,基于REST的GIS Web服务不仅可以利用现有的Web基础设施,其可伸缩性还有Web的成功作为保证。

此外,现有GIS Web服务多是比较基础的应用,GIS Web服务有关理论研究相对较少。正是由于这个原因,OGC于几年前已开始着手这方面的研究。OGC规范中包括为地理空间数据、服务设计的目录服务、Registry等规范,与一般意义上的Web服务实现互连互通,并不简单。基于SOAP协议的Web服务在IT界得到了一定支持,但由于它并不是为地理空间数据、服务设计的,用于该地理信息领域还有一些问题需要解决,对于 Web 服务与地理信息的集成问题,OGC 尚在研究之中。比如,Web 服务的三大核心协议之一的 UDDI,其设计初衷是为了企业和服务的实现,我们关心的是地理内容及服务的实现。也就是说,除了简单、小规模的 GIS 应用,SOAP、WSDL、UDDI 很难不加改动地应用在地理信息服务领域。

OWS 系列规范的确在一定程度上解决了 Web 制图(WMS)、在线地理数据(WFS)等的互操作问题。在 GIS Web 服务领域的规范 WMS 和 WFS,得到了众多业界厂商的支持。但值得注意的是,OWS 使用的并不是一般意义上基于 SOAP 的 Web 服务,而是更传统的类似 CGI 的技术手段;与基于 REST 的 Web 服务更为接近。另一方面,由于 OGC 的成员不仅包括业界厂商,还有政府机构,他们都有自己的不同需求。对遗留系统的支持也是个不得不考虑的问题。因此,OGC 强调独立于分布式计算平台(Distributed Computing Platform, DCP),一方面可以照顾遗留应用,另一方面可支持更多的平台,确保尽可能广的应用范围;这就意味着在进行设计时做出了一些折中,比如,不能依赖基于特定平台的技术,相关规范的复杂性大大增加。如 OGC 的目录服务(Catalog Service),除了支持 HTTP 绑定外,还支持 CORBA、Z390 等。

其次,OGC 的目标是制定地理数据、服务互操作的框架,迄今为止也推出了一系列规范;新的规范仍在不断出现。但这些已发布的规范,目前还不足以构成完整的框架,需要与其他标准、规范协同使用。如 OpenGIS 目录服务是元数据的在线目录,这就涉及元数据标准的问题。OGC 的做法是采用现有的元数据标准,如 ISO 和 FGDC 的有关标准等。这一方面要求我们加强相关研究,制定符合我国实际情况的有关标准、规范。另一方面,在 OGC 没有制定规范的领域、或制定的规范过于复杂、缺乏实现产品,仍有必要进行 GIS Web 服务的研究。

综上所述,商用 GIS Web 服务使用的是可伸缩性值得怀疑的 SOAP 协议,对于经过实践验证的 REST 风格的 Web 服务在地理信息领域的应用很少关注。OGC 的 OWS 的实现类似 REST 架构,但它更强调的是对多种 DCP 的兼容,实现的规范支持不同的 DCP,导致了规范不必要的复杂性。而且,OGC 目前已发布的规范只覆盖了有限的几个领域。

1.3 GIS Web 服务的研究意义

传统的 GIS 系统已从单机发展到网络,人们对网络地理空间数据、服务的需求大大增加。由于 GIS 技术建立在普通信息技术的基础上,GIS 系统与信息技术的发展密不可分。从一项新技术的兴起到该技术在 GIS 系统中的应用,往往有一段延迟。因此,我们要密切关注信息技术的最新动向及其对 GIS 的可能影响,在 GIS 研究领域才能走在前列。Web 服务和 SOA 都是信息技术领域具有突破性的技术,对 GIS 的影响不能不加以关注。

虽然 Web 服务是近两年出现的新技术,但廉价的带宽、存储设备和无处不在的计算设施使 Web 服务成为可能,因此得到了 IT 业界厂商的大力支持,传统 GIS 厂商和主流 IT 厂商已经开始试验 GIS 与 Web 服务技术的整合,如 Mapquest、ESRI 公司的 ArcWeb,微软公司的 MapPoint、TerraServer 等。这也表明 Web 服务有可能在未来的 GIS 系统框架中发挥重要的作用。GIS Web 服务的研究、应用刚刚开始,我们可以迎头赶上,促进国产 GIS 软件、GIS 产业的发展。

GIS Web 服务的提出以 Web 服务/SOA 和 WebGIS 技术为基础,把 REST Web 服务技术应用在 GIS 中,设计二者融为一体的面向服务的框架,而不是二者的简单叠加。如 UDDI 并不能完全适用地理信息的需要,地理信息目录服务、元数据等都需要进行定制,满足地理空间信息共享的需要,真正实现地理空间信息、服务的互操作。可以认为本研究是对现有 Web GIS 平台的扩展,是 Web GIS 的补充。在未来版本的 Web GIS 系统中,有望看到 GIS Web 服务的功能。

另外,除了 SOAP Web 服务,基于 REST 的 Web 服务因其简单、可靠、实用,近年来逐步得到人们的关注;OGC 业已把对 REST 对 OWS 的影响进行考察一事提上议事日程。

最后,GIS Web 服务的下列特点使该研究具有实际意义:

1.3.1 利用现有基础设施

GIS Web 服务可以利用 IT 业界为 Web 服务技术建设的基础设施，包括开发工具、应用服务器、通信协议、安全设施、定义的工作流程等。

1.3.2 真正的分布式计算

GIS Web 服务可以跨越不同的操作系统、编程语言、计算平台，实现地理空间数据、服务的分布式计算。

1.3.3 集成

GIS Web 服务易于集成，开发商很容易把需要的地理空间数据、功能嵌入他们开发的程序中，有助于 GIS 应用的普及。

1.4 GIS Web 服务的研究内容

GIS Web 服务是以 Internet 为计算平台、Web 服务技术为基础的计算模型、SOA 为基本架构、GIS 理论技术为应用模型而构建的实现地理空间信息、服务互操作的框架。GIS Web 服务不是个独立的 GIS 软件，而是在无所不在的分布式计算平台——Internet 的基础上，为现有 GIS 系统，特别是基于 Web 的 GIS 系统，提供一种有效的共享地理数据、功能的解决方案。下面分别从研究对象、设计策略和开发方法、实践几个角度进行阐述。

1.4.1 研究对象

GIS Web 服务涉及地理信息科学与计算机科学的诸多领域，如地理数据共享、功能互操作、Web GIS 技术、分布式技术、软件体系结构、软件工程等，对于这些领域的深入了解是进一步研究本课题的基础，而且 GIS Web 服务的实现是进行上述技术的有机结合，解决的问题也与上述领域密切相关。因此，本书拟用一定篇幅对相关领域进行必要的探讨，然后在此基础上，进行 GIS Web 服务的研究。基于 REST 的

GIS Web 服务涉及的主要技术包括:Web 服务技术、Web GIS 及相关技术、GIS 互操作、OGC 的有关规范(如 WMS、目录服务规范)等。在后面的章节中将分别对这些技术进行探讨。

GIS Web 服务需要研究的对象包括:网络环境下分布存储的地理空间数据、地理处理功能(统称资源),资源的表现形式(数据格式)、服务间的交互(服务通信协议)等。因此,本书将分别对上述领域进行研究,包括 GIS Web 服务框架的理论探讨、GIS Web 服务的实现机制、安全机制等。考虑到 GIS 互操作的重要性、GIS Web 服务与互操作的密切关系,对于开放标准、规范和地理信息互操作的研究也是贯穿全文的一条主线。

1.4.1.1 GIS Web 服务与互操作

现有 GIS 各种各样,这些互不相同的系统各有特点,如不同的操作系统、编程语言、应用程序等,如何让这些异构的 GIS 系统实现互操作,是学术界关心的问题,也是本书的研究内容之一。具体地说,GIS Web 服务的研究包括如何在现有(Web)GIS 系统的基础上,添加一个抽象层,在该层实现 Web 服务(或符合 OGC 规范的接口),从而达到改造现有系统,使其具备互操作能力的目的。

那么,什么是 GIS 互操作呢? 有学者认为 GIS 互操作是 GIS 数据共享的一种高级形式,将对数据的访问变成对处理功能的访问。也就是说,GIS 互操作不仅包括 GIS 数据共享,还包括对处理资源的共享。GIS Web 服务的基础——Web 服务技术的设计初衷就是为了解决不同平台上运行的异构应用程序间的互操作问题,GIS Web 服务一方面要充分利用 Web 服务技术的优势,实现基本的互操作能力,另一方面,针对地理数据、GIS 应用的特点,对现有 Web 服务技术进行必要的扩充,使其满足 GIS 互操作的需要。

不少研究者指出,GIS 互操作是 GIS 的发展方向之一。为了更好地解决这一问题,人们提出了种种解决方案,如数据格式转换、通用数据格式、公共接口等。但互操作是个非常复杂的问题,并没有完美的方案,研究者一直在这方面进行不断的探索。OGC 的规范是解决互操作的一个有益尝试,得到了业界广泛的认可。但只是解决了部分问题,如地图服务器的数据共享(WMS)和地理空间数据共享(WFS);也就是说,OGC发布规范的领域有章可循(即便这些规范本身也在变化),还没有规范出台的领域的互操作性依旧毫无保证。

GIS Web服务的提出就是在现有Web服务技术的基础上,构建地理信息、服务(地理处理功能)共享框架,更好地实现GIS互操作的目标。由于Web服务产生于IT业界,得到IT业界的普遍支持,许多软件都包含Web服务技术的支持;使用同样基础设施的GIS Web服务与传统软件间的通信就很少障碍,易于实现GIS与传统软件间的互操作。另外,OGC的相关规范对实现GIS互操作十分重要,本书将在必要时探讨OGC WMS(Web地图服务)和WFS(Web要素服务)等在GIS Web服务中的应用。

1.4.1.2 总体思路

由于本书主要研究如何在现有组件式GIS、Web GIS的基础上实现GIS Web服务(包括部分OGC接口),并使其具备互操作性的问题,研究的重点不包括常见GIS算法、功能的实现,如空间分析等,而是GIS Web服务的框架、关键接口、服务间的交互等。

本书拟首先对主要的分布式技术进行考查,包括.Net、J2EE、Corba等,分析Web服务在这些平台中的地位,指出Web服务的对于GIS互操作的重要性;然后,参考现有Web GIS系统的框架结构,在选定的分布式平台的基础上,进行框架设计,提出相应的实现设想;最后,选择部分有代表性的功能,实现GIS Web服务(及OGC接口)。

1.4.2 设计策略和开发方法

1.4.2.1 设计目标

(1)开放性。尽可能采用开放标准,如W3C的XML、RDF规范,OGC相关规范WMS、WFS等。

(2)互操作性。基于接口的互操作是实现GIS互操作的发展方向,而基于REST原则构建的GWS强调服务的接口、服务间的通信协议、独立于服务内部实现,具有松散耦合的特点,因此服务器端、客户端都可以动态替换,有助于GIS互操作的实现。

(3)可伸缩性(scalability)。基于 REST 构架的 GIS Web 服务继承了 Web 的优点,可充分利用当前 Web 基础设施。比如,由于 Web 代理的存在,多个客户与 GWS 服务交互,不会导致网络负载的明显增加。HTTP 协议的无状态性也是确保服务可伸缩性的有力保证。

(4)设计目标还包括可靠性、可扩展性、安全性、实用性等。

1.4.2.2 设计与实现

传统的 GIS 软件本身已经是个复杂系统。因此,为其添加 Web 服务层、与 Web 服务技术相融合、从而组成面向服务的架构更是件复杂的工作。有效的设计是正确的软件实现的基础,下面是系统设计、实施需要考虑的几个方面:

(1)紧跟 IT 技术的发展潮流,使用领先技术;

(2)使用 W3C 和 OGC 的相关标准、规范,便于实现与其他系统间的互操作;

(3)使用轻量级的软件设计、实现方法;针对我国软件产业的特点(规模小、程序员少的特点等),更适合轻量级的设计方法。如敏捷建模技术、极限编程技术等。

(4)尽可能使用开放源码软件。开放源码软件具有成本低、安全性高,避免软件厂商的控制(lock - in)等特点,逐渐受到各国政府的重视。我国已开展中文 Linux 操作系统的研究,德国慕尼黑市政府用 Linux 代替了所有的 Windows 操作系统。开放源码软件的普及已是大势所趋,对安全性要求较高的应用领域来说更是如此。

1.5 本书的组织和主要内容

本书共分 8 章。

第 1 章为绪论,主要介绍 GIS Web 服务的研究背景、研究内容和当前相关领域的研究现状。首先从 Internet、分布式技术、软件工程的进展对 GIS 演化的影响,Web 服务在 GIS 领域的研究、应用等引出基于 REST 的 GIS Web 服务的选题,然后就 GIS Web 服务相关领域的研究和应用现状进行了初步分析,最后介绍了基于 REST 的 GIS Web 服务研究的基本内容,包括研究对象、设计策略、开发手段等。

第 2 章首先回顾了 GIS 从单机系统到地理网络服务的演化,并对 OGC 的有关研究和 GIS 互操作进行探讨,在此基础上指出基于接口的互操作是 GIS 互操作的关键。然后对主流分布式计算平台.NET、J2EE、CORBA 等进行对比分析,指出其优缺点。

第 3 章对基于 REST 的 GIS Web 服务使用的关键技术进行探讨。主要包括 XML 技术家族、语义 Web 技术(RDF),SOAP Web 服务与 REST Web 服务等。在此基础上,本章把 Web 服务技术与前面描述的分布式计算平台进行对比,研究基于 REST 的 Web 服务与一般意义上 Web 服务的异同,指出基于 REST 的 Web 服务对于 GIS Web 服务的实现具有的实际意义。

第 4 章是对基于 REST 的 GIS Web 服务的概念和技术模型的研究。首先介绍了 GIS Web 服务的概念,并结合目前的研究现状,对 GIS Web 服务的技术模型进行系统阐述,并介绍了 GWS 服务的实现机制和 GWS 服务的特点。

第 5 章对基于 REST 的 GIS Web 服务的实现机制进行深入阐述。由于 GWS 是个面向服务的构架,因此本章从 GWS 服务定位、发现机制、描述机制(包括 GWS 元数据)、调用机制几个方面对其实现机制进行探讨。

第 6 章是对基于 REST 的 GIS Web 服务的安全机制的研究。本章首先对 GWS 的安全需求进行介绍,然后从网络安全的几个主要方面,结合常见的安全技术,对 GWS 的安全机制进行研究,确保 GWS 的安全性。

第 7 章介绍基于 REST 的 GIS Web 服务的设计与实践。首先介绍系统的设计目标,包括互操作、规模可变、安全、可扩展、易维护等;然后对常见的 GIS 的设计、开发手段进行对比;最后在 GIS Web 服务研究的基础上,介绍原型系统的概念、解决方案和实施步骤。

第 8 章为结论与展望。回顾通过基于 REST 的 Web 服务的研究与实践得出的结论,提出了一些需要继续研究的问题,然后对该领域的未来进行了展望。

第2章　GIS Web服务的研究背景、发展与现状

2.1　GIS系统的演化

从第一个地理信息系统——加拿大地理信息系统(CGIS)诞生至今,GIS已有40多年的发展历史。软件是GIS核心内容之一,从软件体系结构的角度来看,GIS主要经历了以下几个阶段:集成式GIS,模块式GIS,核心式GIS,组件式GIS,Web GIS。

(1)集成式GIS。

在GIS发展早期,为满足某些特定需求,产生了许多的GIS功能模块。随着需求不断升级,研究人员开始将这些分散的功能模块集成为具有多种功能的综合性GIS。该时期即GIS发展的集成化阶段。

(2)模块式GIS。

研究人员着眼于系统整体结构,按功能的关联度,将GIS划分为不同的功能模块。模块化GIS不同于集成式GIS自下而上的开发思路,采用自顶向下的方法进行开发,功能模块划分更为合理、内聚性更强。

(3)核心式GIS。

集成式GIS和模块式GIS都没有解决与其他系统的集成问题,核心式GIS正是基于该背景提出来的,它将GIS功能封装成动态链接库(DLL),通过应用程序接口(API)访问,以此来实现与其他系统的集成。

(4)组件式GIS。

组件式GIS综合了模块式GIS、核心式GIS的优点,将GIS功能划分为不同的功能模块。这些模块之间以及与其他系统之间通过标准

的通信接口实现交互,不仅解决了异构系统的交互问题,而且开发成本低、易于掌握。

(5)Web GIS。

Internet 技术的发展使得网络化成为 GIS 发展的必然趋势,因此 Web GIS 应运而生。Web GIS 的发展使得 Internet 用户可以通过互联网浏览空间数据、制作专题图以及进行各种空间检索和空间分析。

2.1.1 组件式 GIS

使用传统的软件开发方式开发的 GIS,往往缺乏结构性,资源利用效率低下,难以与其他的应用程序实现真正的互用,系统的可靠性和可维护性差。基于组件的新型的软件开发技术,为 GIS 的开发提供了新的思路。组件式 GIS 软件平台是国际上最近几年发展起来的、基于组件式软件技术开发的新型 GIS 软件。开发人员或者从实现较小的组件(对象模块),或者从其他厂商直接购买需要的功能组件;然后利用这些功能部件装配成复杂的、符合应用要求的 GIS 系统。

所谓组件化就是去掉原有的模块间的相互依赖,每个模块都可以单独运行,不需要特定的环境。这可能会加大每个模块的代码量,但这是值得的,因为某一时间或某一特定应用只要调入需运行的模块,而不需调入所有的,从而大大节省了资源,减少了模块之间的耦合。组件式 GIS 具有二次开发方便、易于集成、无限扩展等特点。组件式 GIS 软件平台为 GIS 应用系统开发方式带来了巨大的变革,有利于提高二次开发的效率,增强 GIS 系统中各子系统之间的集成。组件技术的使用,可控制各个独立软件模块的可靠性和可维护性,从而实现对整个应用系统的可靠性和可维护性的控制。

由于模块独立,对于软件的移植、重组、维护和开发提供了便利。在模块化的设计中,每个模块都离不开运行环境,虽然模块可以维护,却很难重组;而组件化的设计中,每个组件不需特定的运行环境,程序流程/控制相对简单,开发者完全可用自己的流程控制替代,从而开发出自己的应用来。

随着 GIS 技术和应用的发展,会有更多的部门甚至是个人希望享受 GIS 带来的便利和效益，它再也不是 GIS 专家们的专利，而组件式 GIS 也会更显现出其重要性来。如电力部门希望通过 GIS 来调度电力系统或管理电力设备，需要通过专用的系统去监测电路的运行状态，并在地图上显示出来，而且数据一直在变化。他们已经有了专用的系统去采集这些数据，并可通过计算机来作远程调度。同时，他们也想知道当发生事故时会影响到哪些区域；对某些区域进行停电处理时，应该通知该区域内的哪些重要单位；在某一结点增加设备时，需要根据下行用户用电量来决定其容量等，这些都要用到 GIS 功能。过去的方法是通过 RPC 或文件转换来连接两个系统，系统的集成化和整体性较差，而且在处理实时性数据时比较困难。使用组件技术，则可以把 GIS 功能作为系统的一部分融合到其中去，上面提出的这些困难将迎刃而解。

开发商可以基于组件式 GIS 的结构开发自己的专用组件，这样就可以根据每一个项目的具体情况进行重组，以满足具体用户的需求，减少每个项目的工作量，这无疑是很大的诱惑。使用组件式 GIS 开发的应用具有更高的效率，运行更可靠、更稳定，同时可以有更灵活的用户界面。组件式 GIS 的出现使更多的人可以在更多的系统中更多、更自然地应用 GIS 技术，从而反过来进一步推动 GIS 的发展。因此，组件式技术无疑是 GIS 软件技术发展过程中的一个里程碑。

国产的 GIS 软件平台中，采用了组件技术的有中国科学院地理信息产业发展中心和北京超图地理信息技术有限公司联合研制的 SuperMap 2000、武汉吉奥公司的 GeoMap 等。ESRI 的 ArcGIS 系列产品，也是组件式 GIS 的一种。

2.1.2 Web GIS

Web GIS 是利用 Web 技术来扩展和完善地理信息系统的一项新技术。与传统的 GIS 系统相比，Web GIS 具有几个特点：①是基于网络的客户机/服务器系统；②信息的传递是全球性的；③是个分布式系统，用户和服务器可以分布在不同地点和不同的计算平台上。一般认为 Web GIS 的主要功能包括空间数据发布、可视化空间查询检索、在线空间分析等。经过几年的发展，Web GIS 已经相对成熟，出现了几种实现技术:如 CGI、服务器端 API、浏览器插件、Java 小程序、ActiveX 等。GIS 厂商推出的 Web GIS 产品也较为成熟,如 ESRI 的 ArcIMS、Mapinfo 的 MapExtreme 等。

2.1.2.1 Web GIS 的概念

Web GIS 可以简单定义为运行于互联网上的 GIS。自从互联网于 1989 年诞生以来,Internet 的发展日新月异,网络已经成为人们日常生活的组成部分。为适应人们对 GIS 和地理空间数据的需求,首先是电子地图(www.mapquest.com)服务上了网,人们可以通过简单易用的界面查询、下载地图。迄今为止,这种形式依然是最受欢迎的服务。在这种情况下,为了把 GIS 真正引入 Internet 世界,使 GIS 更加充分利用和发挥网络的优势,Web GIS 就成为 GIS 研究领域的一个重要课题。与传统地理信息系统相比,Web GIS 具有以下特点:

(1)适应性强:Web GIS 是基于通用的互联网技术的,能够在不同的平台上运行。

(2)应用面广:Internet 的普及使一般群众有机会接触、使用 Web GIS,有助于 GIS 应用的普及,从而产生巨大的经济效益和社会效益。

(3)现势性强:地理信息的实时更新在网上进行,人们能得到最新信息和最新动态。

(4)维护社会化:数据的采集、输入、空间信息的分析与发布将是在社会协调下运作,维护的社会化可以减少重复劳动、降低成本。

(5)使用简单:用户使用简单的浏览器界面,可以直接从网上获取所需要的各种地理信息,直接进行各种地理信息的分析,而不用关心空间数据库的维护和管理。

Web GIS 可实现数字地图的网上发布、浏览、下载,实现基于 Web 的 GIS 查询和分析。尽管目前已有多家国内外公司推出 Web GIS,总的来说,Web GIS 的功能有待于进一步完善,其最终目标是实现 GIS 与 WWW 技术的有机结合,GIS 通过 WWW 成为大众使用的技术和工具。

2.1.2.2 基本框架

Web GIS 的基本框架如图 2.1 所示。

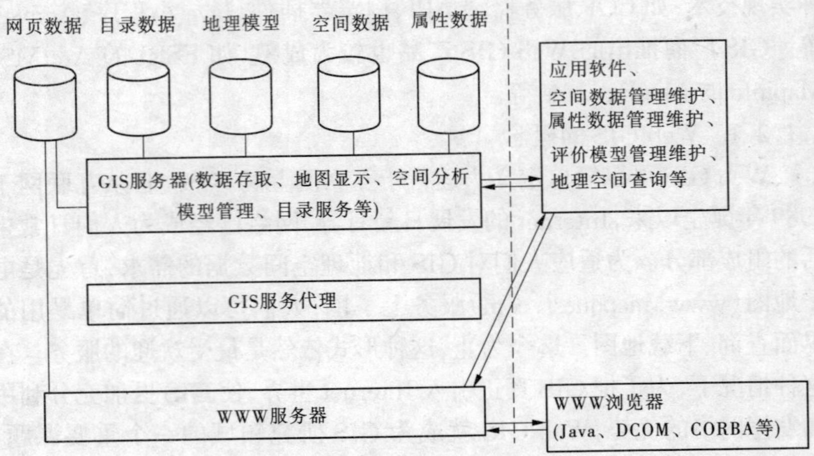

图 2.1　Web GIS 基本框架示意

Web GIS 的客户端通常是 Web 浏览器通过安装专用插件(plugin)、ActiveX 或 Java 小程序(applets)实现客户端的 GIS 计算。Web GIS 服务器端由 WWW 服务器、GIS 应用服务器、GIS 元数据服务器和地理空间数据库组成。其中 WWW 服务器负责接受客户端的服务请求,把该请求传递给 GIS 服务器或元数据服务器,收到结果后再送回客户;GIS 服务器完成客户提交的请求,将结果转换成 HTML 页面或直接把地理数据通过 WWW 服务器返回客户端;GIS 服务器也能同客户端的 GIS 插件、ActiveX、Java 小程序直接通信,完成 GIS 服务。另外,在 WWW 服务器和 GIS 应用服务器之间还可以增加服务代理,协调服务器端 GIS 软件、地理空间数据库和 GIS 应用程序间的通信,提高 GIS 服务器的性能。

实现 Web GIS,就是如何合理地在 Internet 上进行 GIS 数据共享和 GIS 计算。GIS 计算可以分割为服务器端和客户端两个部分,客户端部分的 GIS 计算通过网络,从服务器迁移到客户端执行。因此,根据 GIS 计算和部署策略的不同,实现 WebGIS 有几种不同的技术方案:客户端实现、服务器端实现和混合式实现。具体采用哪种方案,取决于应用需求的不同。

Web GIS 仍在不断发展之中，为了便于地理空间数据的共享，逐步把 XML(主要是 OGC 的 GML)作为 Web GIS 的一个核心部件。但 Web GIS 的其他问题依然存在。

2.1.3 GIS Web 服务

2.1.3.1 商用 GIS Web 服务

以率先在网上发布电子地图而闻名的 Mapquest，现在每天下载的地图数量超出 20 000 000，为深化业务，推出了 Web 服务，已拥有1 400 个客户。ESRI 公司的 ArcWeb，微软公司的 Mappoint .Net，都是基于 Web 服务技术实现的。根据 Web 服务的特点，这些厂商采用了基于订阅的收费方式，根据用户的使用次数进行收费。这些服务的共同点是使用较为简单的 Web 服务，实施难度不大，只是 Web 服务的直接应用，无须对 Web 服务技术进行扩展。下面对 ESRI 公司的 ArcWeb 服务进行分析。

ArcWeb Services 是 ESRI 利用 Web 服务技术构建的工具，能为 Internet 网上的 ArcGIS 和定制的客户 Web 应用提供商业空间数据和 GIS 功能。应用 ArcWeb Services，开发商可以在 Internet 网上访问远端的 GIS 内容并获得地理处理能力，用户还可以访问商业数据和地理应用。ArcWeb Services 使开发人员和用户无须在本地设置相应的数据、应用服务环境和工具。因此，ArcWeb Services 可以缩短应用的开发时间，节约资金，并且减少硬件资源的投入。

此外，开发商和用户还可将多种 ArcWeb 服务整合在一起，并且将这些服务集成到自己的应用中。ArcWeb Services 既可以将收集到的相关服务重新包装，也可以提供单独的服务。ArcWeb Services 是基于 SOAP 协议开发的，使不同的计算机之间可以方便地进行通信。

该工具提供的功能包括美国街道基础地图 GDT U.S. Streets、实时的天气地图 Meteorlogix U.S. Weather、世界部分城市的数字影像 OrbImage OrbView Cities，等等。

ArcWeb 服务提供一种方式，不需自己拥有管理数据或开发必须的工具，就可以在你的应用程序中包含 GIS 内容和功能。这极大地节约了时间、费用和计算机资源。ArcWeb 服务由空间数据和 GIS 功能组成。这些应用可被发送到 ArcGIS 或定制的 Web 应用程序。ESRI 也提供 ArcWeb 服务应用程序，能被最终用户直接使用。ArcWeb 服务最主要的优点是可以结合多个服务并把他们集成进客户的应用程序环境，为共享地理信息提供无限可能。使用 ArcWeb 服务，可以访问大量的分类数据包含交通、气象、影像等。因为这些服务由 ESRI 负责，可以保证一天 24 小时，一周 7 天都会访问当前的可靠的数据。ArcWeb 服务有三种方式可以选择：为开发者服务准备的基于 SOAP 的 ArcWeb 服务集合；ArcWeb Services for ArcGIS Users 来自许多世界上最主要的商业数据出版商的 Web 服务，把这些服务直接结合进 ArcGIS 桌面；ArcWeb Services Applications 为最终用户准备的产品，这些产品用 ArcWeb 服务构建。ArcWeb 还提供托管服务，客户把数据载入 ArcWeb 平台，自己负责维护数据，然后使用 Web 服务发布数据。

这两者都为开发商提供在定制应用程序中加入 GIS 数据、功能的能力，客户还可以免于维护地理数据、开发必要的工具，因此可以节约成本、缩短时间、计算资源。ArcWeb 服务还允许多个服务的整合，为地理信息的共享提供无限的可能。

随着 Web 服务接受程度的提高，一些厂商开始推出支持 Web 服务实现的产品。如 ArcGIS Server 就是 ESRI 公司最新提出的 GIS 服务器端产品，除了传统的地理服务器的功能外，开发商还可以使用 ArcGIS Server 实现类似 ArcWeb 的 GIS Web 服务功能，这从某种程度上意味着 GIS Web 服务已在地理信息业界生根发芽。

2.1.3.2 OGC 的 Web 服务研究

开放地理信息系统协会(OGC)成立于 1994 年，其目标是建立一套针对 GIS 互操作的数据、技术规范，为 GIS 数据共享、互操作奠定基础。OGC 的宗旨之一就是空间数据、服务的互操作，因此 Web 服务的发展自然得到 OGC 的关注。OGC 正在进行 Web 服务相关技术的研究，如 UDDI、SOAP 等在 GIS 中的应用等，并提出了 OGC Web 服务(OWS)的概念，制定了用于地理空间服务互操作一系列规范，较常用的如 Web 地图服务(Web Map Server)规范、Web 要素服务(Web Feature Server)规范、Web 数据覆盖区服务(Web Coverage Server)规范等。

OGC 的 Web 服务(OpenGIS Web Services,OWS)是一个基于开放标准的在线地理空间服务框架,这个独立于厂商的互操作框架允许无缝集成在线地学处理和位置服务,可用来进行基于 Web 的发现、存取、集成、分析、利用,及可视化地理数据、传感器感知的信息、位置信息和地学的处理能力等。OGC 关于 OWS 的正式文档,除了 WMS、WFS 等实现规范外,主要是以讨论报告形式出现的《OpenGIS Web 服务体系结构》(OpenGIS Web Services Architecture)。该文档对 OWS 的体系结构进行了描述,明确了实现 OWS 系统所共有、可扩展的范围、目标、行为和功能部件。

OWS 系列规范的确在一定程度上解决了 Web 制图(WMS)、在线地理数据(WFS)等的互操作问题。另一方面,由于 OGC 的成员不仅包括业界厂商,还有政府机构,他们都有自己的不同需求。对遗留系统的支持也是个不得不考虑的问题。因此,OGC 强调独立于分布式计算平台(Distributed Computing Platform, DCP),一方面可以照顾遗留应用,另一方面可支持更多的平台,确保尽可能广的应用范围。这就意味着在进行设计时做出了一些折中,比如,不能依赖基于特定平台的技术,相关规范的复杂性大大增加。如 OGC 的目录服务(Catalog Service),除了支持 HTTP 绑定外,还支持 CORBA、Z390 等。其次,OGC 的 Web 服务研究仍在进行之中,OWS-2 目前尚处于可行性研究阶段。

1)目录服务

OpenGIS 目录服务(OpenGIS Catalog Service Specification)提供发布和查找有关数据、服务、信息对象的描述信息(元数据)集合的能力。目录中的元数据表示空间数据的属性,如感兴趣的地理区域等,这些属性可以被查询,或者被取出进行进一步人工/软件处理。为了在不同用户团体间有效地共享信息、服务,必须支持信息资源的发现,所以目录服务之一机制是必不可少的。

以前,不管是在政府、企业界还是科研机构,由于缺乏技术和语义上的互操作性,数字地理信息的发现和共享一直是个难题。OGC 的目录服务规范为访问地理信息和地理数据处理服务的在线目录提供开放/标准接口,是解决此问题的关键一步。业界已就此事达成共识,如果元数据发布、空间数据和服务的发现有了通用界面,Web 用户和应用程序就能够利用在那里找到相关信息和服务的能力。

目录服务提供了一个框架,允许多个目录被作为一个目录对待。只要目录服务实施了 OGC 接口,这些目录就可以组合起来;对用户来说,访问是透明的,访问一个目录和多个目录并无不同。

2)Web 地图服务

Web 地图服务规范(Web Mapping Service,WMS)标准化了客户端程序请求地图的方式。客户端程序指定命名的图层,说明返回地图的大小、地图应使用的空间参考等,向 WMS 服务发出请求,该服务根据这些参数产生地图并返回到客户端。

WMS 规范定义了三个操作:GetCapabilities 操作返回该服务的元数据,即服务的信息内容和调用操作的参数;GetMap 则根据客户端的请求参数产生地图并返回客户端;GetFeatureInfo 是个可选操作,可返回地图上特定地理要素的有关信息。

3)WFS

WFS 是一个基于 Web 服务技术的地理要素在线服务标准,主要有两方面的作用:一是实现地理数据的 Web 服务。数据服务部门建立了地理空间数据库的系统,对外提供在线服务,用户可以通过该标准得到自己所需要的地理空间数据。二是用于异构系统的互操作。两个不同的地理信息系统,只要同时支持 WFS 规范,即可实现异构数据互操作,包括数据查询、浏览、提取、修改、更新等操作。WFS 基于 Web 技术,因此还可以实现远程互操作。

WFS 规范主要规定了五个操作:GetCapabilities(获取服务能力)、DescribeFeatureType (要素类型特征描述)、GetFeature (获取要素)、Transaction (事务处理包括增、删、修改要素)、LockFeature (锁定要素)。

其中前三个操作为必须实现的操作,用于获取地理要素;只实现这三个操作的 WFS 叫做基础(只读)WFS。后两个为可选操作,主要用于增、删、修改地理要素；实现全部五个操作的 WFS 叫做事务 WFS。一般说来，只读 WFS 即可满足大部分的应用需求。

OGC 对 SOAP、WSDL、UDDI 等 Web 服务技术一直在跟踪研究。例如，OGC 在 OWS1.2 中进行了关于 UDDI 的实验，认为 UDDI 模型与接口并不适合空间数据、服务的发现。UDDI (v2) 只适合基于笼统的分类标准进行的服务搜索，不太适合查找服务绑定所需的信息，对于查找具体地理服务的服务内容、能力更是无能为力。另外，WSDL 用于地理空间服务的描述有一些无法克服的局限。Probst 和 Lutz 认为 WSDL 中使用的标签只是一些句法上的描述，语义描述的缺乏易于造成错误。OGC 的报告中甚至有人认为 WSDL 基本上毫无用处。

因此，OGC 认为基于 SOAP 的 Web 服务标准目前“尚未得到广泛应用，开发工具对于复杂应用来说不够健壮”。除了等待这些标准、开发工具更为成熟，并与其他标准化组织(如 W3C)在这些问题上进行合作外，OGC 目前会“忽略这些技术，使用基于 XML 的 HTTP GET/POST 绑定”。

2.2 地理数据共享与 GIS 互操作

地理数据共享和 GIS 互操作是两个部分重叠甚至可以互换使用的概念。一般认为，GIS 互操作的内涵更为丰富，可包括地理数据共享的内容。因此，本书对两个概念的使用不作区分，主要使用后者进行讨论。

有学者认为，地理信息共享不仅可以最大限度地减少地理信息采集，减少加工整理中的人力、物力和财力的投入，是实现全球、地区、国家和区域范围内信息化的前提条件和根本目标，还可以促进政府决策的民主化和科学化。标准、技术、政策是实现地理共享、GIS 互操作的三大基石，下面分别就地理信息标准化和互操作技术两个方面进行相关探讨。

2.2.1 地理信息标准化

数据的标准与规范是地理数据共享的基础。标准和规范制定的目的,是为了统一表达,便于不同地点、单位的同类或异类数据的集成和应用。GIS标准、规范与GIS数据共享和功能互操作的实现密切相关。根据Clifford A. Kottman和Barbara P. Buttenfield文献可知,GIS标准覆盖下列应用领域:①共享,使GIS数据能被多用户使用;②查阅信息,使GIS数据能被方便地查阅;③定义地理信息,为GIS数据确定空间实体的定义、分类和编码;④组织GIS数据,合理地组织GIS数据产品的数据结构;⑤显示地理信息,以适当的符号系统和色彩系统显示由GIS数据所描述的空间实体和空间关系等。

2.2.1.1 OGC **规范**

1.综述

为了研究和开发开放式地理信息系统技术,开放地理信息联合会(Open GIS Consortium, OGC)1994年成立于美国,现有十几个国家的240多个成员,包括软件技术公司、政府机构、科研院所、企业集成系统、销售商、图像信息产品制造商等。其成立的宗旨是让每个人都能从任何一个网络、应用程序或计算机平台中,方便地获取地理信息和服务;通过共同的接口规范,让数据、服务提供者、应用系统开发者和信息整合者,能在短时间内、花最少的费用,让使用者容易获取、使用数据及服务。OGC主要研究和制定了支持互操作解决方案的各种接口规范。

那么,为什么要采用OGC的接口规范(interface)呢?主要有以下几个方面的原因:

(1)OGC interface开放,自由下载,可以广泛地应用、测试;

(2)得到业界的广泛支持,有利信息交换和互操作性;

(3)采用统一的接口,使软件可以连接由不同厂商支撑的系统;

(4)统一接口有助于分步式空间信息的获取。

OGC主要有两个技术主题:地理空间信息和地理空间服务的共享。在此基础上,OGC发布了许多相互关联的规范。OGC发布的规范主要有抽象规范(OpenGIS Abstract Specification)和实现规范(Open-

GIS Implementation Specifications)两类。抽象规范提供了一个完整的参考模型,是制定其他OGC规范的概念基础,而实现规范则为开发商提供具体的编程指导,协助开发商在其产品中实现OGC接口和协议。实现了相同接口/协议的软件和服务相互之间支持互操作性。

OGC规范的主要用途之一是对于以下几种互操作的支持:①使用不同数据格式的地理信息系统间的互操作;②不同分布式计算平台间的互操作;③不同信息团体(使用相同或不同方式定义地理特征的空间信息用户团体)间的互操作。

尽管OGC的互操作的分类与陈述彭等的分类不完全相同,但还是要解决同一个问题,而且上述几种互操作的支持可大致对应数据互操作、功能互操作与语义互操作等。

OGIS为软件开发者提供了一个接口框架,用户可以在一个开放信息技术环境下通过一致的计算接口访问和处理不同来源的地理数据。OGIS规定了应用程序之间所要互操作的地理数据所包含的各种标准数据类型和在这些标准数据类型之上所实施的地理操作,以及如何将这些基本的标准数据类型组织成应用程序间交互的地理数据;它还规定了共享地理操作的规范,应用程序通过这些规范,得知提供地理操作的服务及如何请求这些服务;或者从服务提供者的角度来看,得知一个请求是数据请求还是服务请求。

OGIS的这些规范建立在现有的标准分布计算平台(Distributed Computing Platform),它并不涉及如何将不同运行环境中的应用程序连接起来相互通信的问题。处理异种平台间的连接,以及连接所要求的网络、通信、分布数据和客户/服务器体系的规范完全属于分布计算平台的范畴。为了利用原有的地理数据以及将来方便地引入新的管理和操纵地理数据的方法,OGIS也不定义如何存储地理数据和处理地理数据的方法。

对于具体的标准计算平台,OGIS提出相应的提议请求书(Request for Proposal),由平台技术提供者具体实现。OGC的跨平台系统结构如图2.2所示。

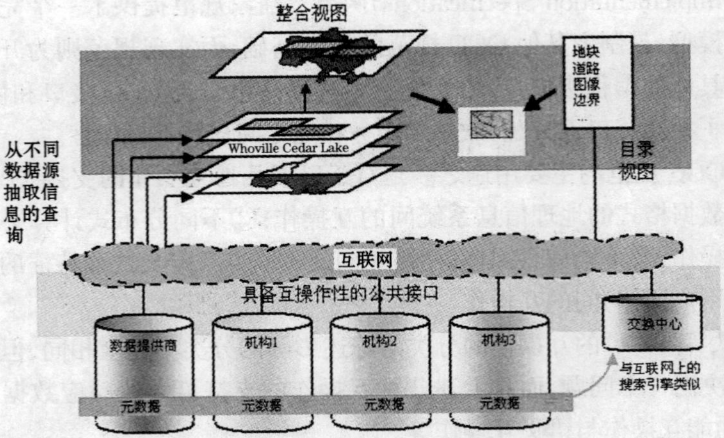

图 2.2　OGC 的跨平台系统结构

2. OGIS 规范构成

OGIS 规范有三个组成部分：开放式地理数据模型、统一的地理操作服务模型和实现团体间的地理数据和操作资源共享的信息团体模型。

1）开放式地理数据模型

OGIS 提供了一个与程序设计语言、硬件设备和网络环境无关的开放的地理数据模型（Open Geodata Model）。OGM 针对地理空间数据的组成元素、相互之间的关系与作用于元素的操作方法（methods）做出一系列系统且明确的定义及说明，以确保空间数据在建构之时即可避免不一致的现象；OGM 以易于理解的地理要素（feature）为核心，以面向对象的分析方法规定了地理要素的定义、空间属性、语义属性和与其他地理要素的关系，以及地理数据模式等元数据（metadata）的定义和表示。

2）统一的地理操作服务模型

OGIS 的服务模型（Service Model）讨论了实现地理数据、地理操作发布和共享所需要的各种结构和组件。OGIS 服务模型可以将 OGM 数据类型组成更加复杂的模型，共享并执行在这些地理数据上定义的操作。服务模型提供了信息团体的定义和创建及信息团体间的联系。

3)信息团体模型

OGIS 中的信息团体(Information Community)指的是这样一个人群,他们在特定的时间内使用相同的数字化地理信息术语和相同的空间要素定义,也就是说,他们在地理抽象、要素表示和元数据方面有着相同的看法和约定。信息团体模型就是使用 OGM 和 SM 来达到信息团体内部和不同信息团体间地理数据的共享。

OGIS 中的信息团体包括一系列地理要素集、地理要素的语义描述和发布这些语义的目录(catalog)。当一个信息团体的用户需要访问或处理另一个信息团体中的地理要素时,则需要两个信息团体间的语义转换子(semantic translator)进行转换。

使用符合 OpenGIS 规范软件还可以起到降低成本的作用,至少理论上,符合 OpenGIS 规范的软件之间可以互换使用,可以选择具有最佳性价比的产品,也就避免了厂商锁定(vendor lockin)。再者,使用符合 OpenGIS 规范的产品,并不意味着要把以前的专有软件全部抛弃,像任何其他事情一样,实施开放式的 GIS 也会有一个过程;符合 OpenGIS 规范的软件可以作为现有(专有)GIS 系统的补充,逐步代替这些专有产品,实现全面的开放系统。

由于 OGC 和其他标准、规范在设计之初就把互操作性作为首要考虑,分布式程序本身的特点决定了按照这些规范设计的程序在性能上不如本地程序。但根据摩尔定律,计算机硬件的处理能力会不断增长。因此,对于 GIS 软件的性能来说,采用最优的数据格式(通常是二进制格式)不再像以前那么重要。

3. 主要规范介绍

OGC 发布的规范主要有两类:抽象规范和实现规范。

抽象规范提供了一个完整的参考模型,是制定其他 OGC 规范的概念基础,为实现规范提供概念模型。OGC 抽象规范主要包括:

(1)基础模型,建立现实世界和软件之间的关系;

(2)抽象模型,以实现无关的方式定义最终的软件系统,通常用 UML(Unified Modeling Language, 统一建模语言)语言表示;

(3)实现模型,描述在特定的软件执行环境中,软件对象及对象间如何交互的模型。目前,OGC 抽象规范共有 16 章,见表 2.1。

表 2.1 OGC 抽象规范组成

章节	标题	版本
0	综述	4
1	要素几何(feature geometry)	5
2	空间参照系	1
3	定位几何(locational geometry)	4
4	函数与内插	4
5	OpenGIS 要素(feature)	4
6	面片(coverage)类型	6
7	地球影像	4
8	要素间关系	4
9	精确度	4
10	要素集合	4
11	元数据	5
12	OpenGIS 服务结构	4.3
13	目录(catalog)服务	4
14	语义与信息团体	4
15	图像利用服务	6
16	图像坐标转换服务	4

从规范的章节标题就可以看出,OGC 抽象规范包括范围很广,基本上容纳了与地理数据处理、共享相关的所有重要领域,这与其设计思想是密不可分的。制定 OGC 抽象规范,就是对现实中空间现象的理解建立模型,并在其成员间达成共识,从而得到成员机构的支持,为不同厂商 GIS 产品间的互操作奠定基础。因此,OGC 抽象规范对于我们研究开放 GIS 系统具有重要的借鉴意义。

另一方面,实现规范则为开发商提供具体的编程指导,协助开发商在其产品中实现 OGC 接口和协议。实现了相同接口/协议的软件和服务相互之间支持互操作性。

OGC 的实现规范可分为三类：计划实现规范(Planned Implementation Specifications)、备选实现规范(Candidate Implementation Specifications)和采纳实现规范(Approved Implementation Specifications)。其中采纳实现规范是获得 OGC 成员一致同意的正式规范，正式实现规范在 OGC 的官方网站(http://www.opengis.net)上公开(见表 2.2)。

表 2.2 OGC 正式实现规范

规范名称	英文原名	版本
OLE/COM 简单要素规范	Simple Features Specification for OLE/COM	1.1
CORBA 简单要素规范	Simple Features Specification for CORBA	1.0
SQL 简单要素规范	Simple Features Specification for SQL	1.1
目录服务实现规范	Catalog Services Implementation Specification	1.1.1
网格数据实现规范	Grid Coverages Implementation Specification	1.0
坐标转换服务实现规范	Coordinate Transformation Services Implementation Specification	1.0
Web 地图服务接口规范	Web Map Service Interfaces Implementation Specification	1.1.1
地理标记语言实现规范	Geography Markup Language Implementation Specification	3.0
Web 要素服务实现规范	Web Feature Service Implementation Specification	1.0
过滤编码实现规范	Filter Encoding Implementation Specification	1.0
样式描述实现规范	Styled Layer Descriptor Implementation Specification	1.0

截至 2003 年 3 月，OGC 已完成了以下正式规范：

(1)OpenGIS 简单要素规范包括对三个操作平台的支持(OLE/COM、CORBA 和 SQL)，用于描述空间中实体的几何特征，如点、线、曲线、面、几何体集合等。

(2)坐标转换服务规范作为一般定位、坐标系统、坐标转换所使用接口的规范。

(3)地理标记语言(GML)是 XML 语言(Extensible Markup Language，可扩展标记语言)的扩展，目的在于传送和储存地理信息，包括空间特征和属性数据。

(4)网格数据规范(网格数据包括卫星图像、数字高程模型等)：由此规范可使数据提供商提供数据内容信息，软件厂商提供数据的分析和处理功能。

(5)互联网地图服务器接口规范用于网络客户端与服务器端之间通信(包括处理、分析或展示数据)的共同接口规范。

属于审议和测试阶段的规范(候选规范),有基础服务模型规范(Basic Services Model Specification)、地名辞典服务接口规范(OpenGIS Gazetteer Service Interface Specification (GAZ))、区域组织档案规范(OpenGIS Location Organizer Folder Specification(LOF))、影像坐标转换规范(OpenGIS Image Coordinate Transformation Specification (ICT))、Web注册服务规范(OpenGIS Web Registry Service Specification)等。对于地理数据、服务互操作最重要的规范是Web地图服务接口规范(WMS)、地理标记语言实现规范(GML)和Web要素服务实现规范(WFS)。

4.OGC与ISO/TC211

ISO/TC211及OGC所制定的标准,虽然都是为了促进空间地理信息的互通性,但两者的定位却有很大的不同,ISO/TC211所制定的ISO 19100系列的GI(地理信息)标准,是属于基础性的标准,着重概念性(conceptual)规范描述,独立于执行平台;但其内容极为详细,足以作为系统实现的基础。而OGC所制定的标准则着重于系统的实现而与现有的系统平台结合,例如COM、CORBA、J2EE、SQL等。

为避免ISO/TC211及OGC两种标准的分歧,两者之间的协调工作一直持续进行,以取得一致性。ISO/TC 211与OGC于1999年签订了合作协议,相互支持对方开发的技术,使彼此间能以互补的方式,共享资源,避免不兼容的标准。在许多方面,可将OGC视为ISO/TC 211标准的验证,而当OGC的规范符合ISO的特定要求时,ISO也会作为标准采纳。例如ISO/TC 211有4项开发中的标准,直接采用OGC的规范;OGC也采纳ISO 19107等标准。通过频繁的沟通与协调,OGC和ISO/TC 211之间建立了紧密的合作关系,包括文件的分享、著作权限制的放宽等。OGC与ISO/TC 211之间的关系模型见图2.3。

中国是ISO的成员国之一,许多国家标准建立在ISO标准的基础上。OGC与ISO的密切合作,为我国地理信息产业采用OGC的接口规范铺平了道路,免除了后顾之忧。

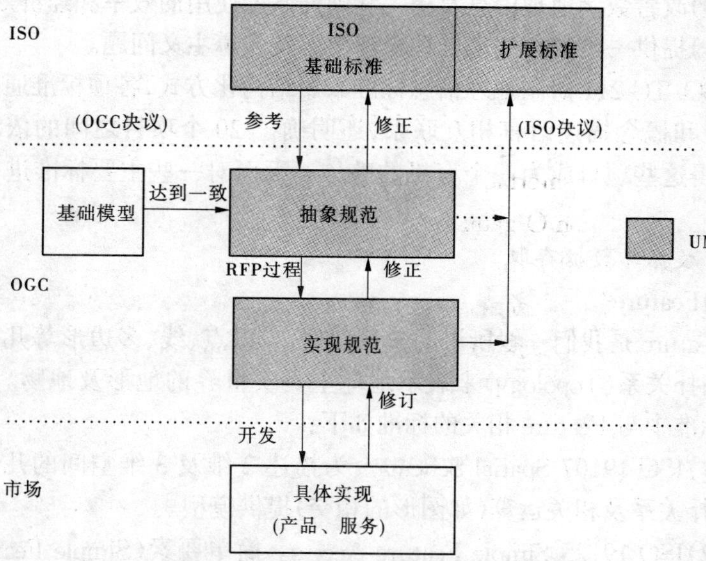

图 2.3　OGC 与 ISO/TC 211 之间的关系模型

2.2.1.2　国际标准组织 ISO/TC 211

由各国政府和产业代表所组成的国际标准组织(International Organization for Standardization, ISO),为促进全球地理信息资源的开发、利用和共享,于 1994 年 3 月的技术局会议上,成立了地理信息/地球信息专业技术委员会(Technical Committee),专门负责地理信息(Geographic information/Geomatics)相关标准的拟定,称为 ISO/TC 211。目前有 29 个成员国和 27 个观察国参与。该技术委员会的工作范围为数字地理信息标准化,其主要任务是针对直接或间接与地球上空间位置相关的目标或现象的地理信息制定一套标准,以便确定地理信息数据定义、描述、管理、采集、处理、分析、查询、表示,以及在不同用户、不同系统、不同地方之间转换的方法、工艺和服务。该项工作与相应的信息技术及有关数据标准相联系,并为使用地理数据提供标准框架。

ISO/TC 211 的主要目标如下:

(1)增加对地理信息的了解和运用;

(2)增进地理信息的利用、获取、整合及分享;

(3)改善数字地理信息及相关软硬件系统使用的效率和经济效益；

(4)提供一致的方法来处理全球生态及人道主义问题。

ISO/TC 211 研制地理信息标准采用结构化方式，各项标准通过参考模型和概念描述语言相互联系，还明确了 20 个项目之间的依赖关系，使得这些项目成为一个有机的整体。下面对一些主要标准进行介绍。

1. 数据与数据存取

1)Feature

Feature 是我们一般所讲的矢量数据，它以点、线、多边形等几何图形及拓扑关系(Topology)来表示地球上真实世界的地形及地物。ISO 国际标准中与 Feature 相关的标准如下：

(1)ISO 19107 Spatial Schema。为描述 2 维及 3 维空间的几何图形、拓扑关系及相关运算(如图形的相交)提供模型。

(2)ISO 19125 Simple Feature Access。简单要素(Simple Feature)是一种简化的 Feature，它仅包含点、线、多边形三种基本几何元素及这三种基本元素的复合体，本标准描述基于简单要素的数据及存取架构，及其在 SQL 数据库语言、COM/OLE 环境中的实施规范。

2)Coverage

Coverage 是我们一般所讲的网格数据，包括土壤图、卫星影像、数值高程模型等，ISO GI 国际标准中与 Coverage 相关的分项标准为 ISO 19123 Schema for coverage geometry and functions。本标准描述 Coverage 数据的类型、定义，以及 Coverage 数据运算及存取功能。

2. 元数据与目录存取

元数据(Metadata)对地理空间数据及服务加以详细的描述，使用者利用元数据，可以很快地找到所需资料。

在分布式的网络环境里，元数据被作为系统交互机制的基础，因此变得更为重要。元数据通常储存在目录(Catalog)里，应用程序通过目录的存取接口访问元数据。ISO 国际标准中与元数据相关的分项标准如下：

(1)ISO 19115 Metadata。本标准描述元数据的内容及结构，以及元数据 XML DTD。

(2)ISO 19119 Service。虽然大部分的元数据内容是描述数据的部分,但当网络服务逐渐盛行时,用来描述 GIS 系统提供功能的服务元数据(service metadata)就显得更加重要。该标准的附录 C 描述有关服务元数据的元素。

3. 制图与显示

使用者在应用地理信息时,一张具有意义的地图比文字资料更容易理解,ISO GI 国际标准中与制图及显示相关的分项标准如下:

(1)ISO 19128 Web Map server interface。该标准详细定义一个简单的接口,以便经由互联网实时查询分散在不同主机的地图,目前以地图显示为主,尚不具备分析运算功能。

(2)ISO 19117 Portrayal。制定描绘地理空间图形的规则。

4. 坐标参考系统

不同来源的 GIS 数据在整合使用前,都必须转换到相同的坐标系统,因此对全球的坐标参考系统作统一的规范,对后续自动化的数据处理及应用是必要的,ISO GI 国际标准中与坐标参考系统相关的分项标准如下:

(1)ISO 19111 Spatial Referencing by Coordinates。该标准说明大地基准的概念,以及坐标系统之间的转换。

(2)ISO 19112 Spatial Referencing by Geographic Identifiers。即地理标识参照系,是指以地名、地址等标识出地理数据的空间位置(而不是以坐标),本标准定义地理标识参照系的数据结构和规则。

5. 地理数据处理

前面所述的显示、坐标转换等均属地理数据处理服务(geoprocessing services)的一种,处理的数据类型包括 feature、coverage、metadata、地图、文字等。这里指以通例的方式,定义地理数据处理的结构及分类,尤其用于系统内部的运作。ISO GI 国际标准中与地理数据处理相关的分项标准为 ISO 19119 Service。这里的所谓的"Service"是指系统内部的运作,该标准将 Service 分成人机交互、信息管理、工作流程管理、地理数据运算、网络通信等五大类,定义服务间的连接方式和服务元数据。

2.2.2 GIS互操作

互操作一直是困扰GIS工作者的难题之一。随着3S产业在我国的迅猛发展,各种各样的GIS平台应运而生。由于GIS软件中数据内容与来源的差异、空间数据模型的差异、支撑软件平台的差异等,不同GIS间的地理空间数据共享、互操作成为一个难题。

那么,互操作到底是什么意义呢?根据Webopedia的定义:"互操作就是位于由不同厂商提供的计算机上的软件和硬件共享数据的能力。"

GIS互操作可以分为几个层次:①数据级的互操作,GIS平台可以相互使用其他系统的数据,从而达到数据共享、提高生产力、降低成本的目的。又称为数据共享。②功能级(Geoprocessing)互操作:不同软件功能模块之间可以相互调用。③语义互操作,实现一定语义约束下的信息共享。

地理数据共享主要有以下几种方式:

1)空间数据格式转换方式

这种方式把其他格式的空间数据经过专门的转换程序进行转换,变成本地系统的格式。由于不同数据格式使用的数据模型各不相同,对空间数据的描述也不一致,转换过程有可能丢失原始数据的部分信息。如MapInfo没有对空间拓扑关系的支持,转入、转出的地理数据不可能包括地理要素间的拓扑信息。

2)直接访问方式

在一个GIS系统中实现对多种空间数据格式的直接访问,和空间数据格式转换方式相比,直接访问方式更为实用。用户在使用不同格式的空间数据时无须进行格式转换,方便了用户的操作。但GIS开发者需要支持多种数据格式,软件开发、维护较为复杂,成本较高。最近许多GIS产品不再指定数据格式,软件可以动态、直接地读写不同的数据格式,不必先进行转换。

OGC的信息团体模型(Information Communities Model)是GIS语

义互操作的一个尝试。它主要采用语义转换的方法,解决具有统一的开放地理数据模型(Open Geodata Model,OGM)及语义描述机制的信息部门内以及具有不同OGM和语义描述的信息部门间的数据共享问题。根据OGC发布规范的情况来看,GIS语义互操作进展甚微。因为OGC信息团体模型的前提是其开放地理数据模型和语义描述机制得到业界的广泛支持,而事实并非如此。

2.2.3 基于接口的GIS互操作

从技术层面看,GIS互操作的关键在于接口,而不是内部实现。Sondheim等认为"在互操作的研究中,对数据格式和数据编码的研究逐渐转向对接口特征的研究"。OGC开发的系列接口规范采取这种技术手段,遵循约定的接口直接与新的应用或已有应用进行集成。也就是说,数据的内部结构对互操作的实现远没有接口的特征重要。通用的接口使完全不同的应用和技术能在某一系统内集成,或在网络数据、数据处理组件之上建立各种应用。因此,可以认为系统的接口层是GIS互操作能否实现的关键,这也是本书研究的重点之一。

协议(protocol)、接口(interface)、API(应用程序编程接口)是涉及GIS互操作问题时使用很多的词汇,而一般对这些词的使用并不加以区分,但它们的含义并不完全相同。

API明确了应用程序的开发者可遵循的编写代码的接口,包括名称、参数(个数、类型)、返回类型等。API并不是实现,因为一个API可以有几个实现。如果运行在异构系统的不同软件间实现了相同的API,这些软件就可以通过公共的API相互调用,从而实现某种程度上的互操作。和协议相比,API的方式具有更好的效率,但耦合性也更高。

计算机科学中协议最初是指数据通信中通信各方必须遵守的正式的行为规范,特别是网络硬件间的通信。随着网络软件的发展,协议这一概念越来越多地用于软件系统。这种场合下的协议定义系统间通信使用的数据的格式,包括消息的语法、使用的字符集、消息传递的顺序等。至于系统内部如何生成、处理这些消息,使用Java还是C#,并不是协议关心的问题。使用公共协议的应用是互操作的,不管其运行平台如何、使用何种编程语言。这也是协议的价值所在。

OGC 为制定开放的 GIS 数据互操作规范进行了大量的研究,并制定了相关的规范,基于接口的互操作是 OGC 互操作的核心。从 OGC 发布的规范来看,其接口的概念包括上面的 API 和协议。比如,OGC 的简单要素规范就是基于 COM、SQL 等平台定义的 API。通过统一的 API,符合这些接口的 GIS 之间可以直接进行数据的读取等操作,尽管执行效率较高,但需要已有的 GIS 软件修改内部的数据模型,实际应用并不是很广泛。

WMS、WFS 等规范定义的是软件代理间交互的协议,规定软件代理间通信使用的数据格式、消息传递的顺序等;和公共 API 的方式相比,尽管执行效率不高,基于这种接口(协议方式)的互操作具有最广泛的适应性。

2.3 主流分布式计算平台

和传统的 GIS 相比,基于分布式技术的 GIS 系统具有以下优势:①对于在中央服务器上存储的地理空间数据可以更有效地管理和访问;②比本地计算更快的反应时间;③更高的安全性;④复杂性降低;⑤比传统的基于大型机/小型机的 GIS 解决方案有更低的成本。从较高的抽象层次来看,分布式计算技术更适合复杂的系统结构,用户也可以更多地参与信息管理活动。

在计算技术领域,计算模式也几经变迁。20 世纪 60～70 年代,IBM 等大型机领导集中的基于主机的计算;进入 80 年代,个人电脑和工作站的兴起逐步取代大型机的功能,客户/服务器计算的出现则标志着分布式计算技术进入了新的纪元。目前主流分布式计算平台包括:对象管理组织(OMG)的公共对象请求代理体系结构(CORBA)、微软公司的.NET 和 Sun 公司推出的 J2EE。Web 服务则是提供企业平台服务的一种新方法,但 Web 服务本身并不具备企业级应用所必需的安全、事务处理、集群等基础设施,因此 J2EE 或.NET 平台依然是不可或缺的,且有必要对 Web 服务的基础平台进行考查。下面通过对这些分布式计算技术的特点进行对比分析,指出 Web 服务作为实现 GIS 互操作技术手段的重要性。

2.3.1 CORBA

CORBA 是对象管理集团(OMG)基于众多开放系统平台厂商提交的分布对象互操作内容的基础上制定的公共对象请求代理体系规范,该规范的实现允许分布式对象以任意编程语言实现,且可进行相互通信;CORBA 技术不仅独立编程语言,还独立于应用运行的操作系统、存在的网络环境等,因此一度在业界得到广泛的支持。IBM、Inprise、IONA、BEA 等厂商都曾推出支持 CORBA 规范的产品。

2.3.1.1 CORBA 体系结构

CORBA 体系结构基于 OMG 提出的参考模型(见图 2.4)。从图中可以看出,ORB 是参考模型的核心,它负责客户程序与对象实现在一个分布式环境中进行通信。公共对象服务是基于 CORBA 技术的所有应用程序都可能用到的通用服务,如命名服务、持久对象服务等。水平设施(horizontal facility)由与应用领域无关的高层通用服务组成,包括用户接口、信息管理、系统管理和任务管理等;和公共对象服务相比,水平设施贴近应用领域,而前者和技术本身的关系更为密切。垂直设施(vertical facility)则针对是特定领域的对象接口集合,如金融、电信等行业。应用程序对象则是由开发人员编写、只与特定应用相关。

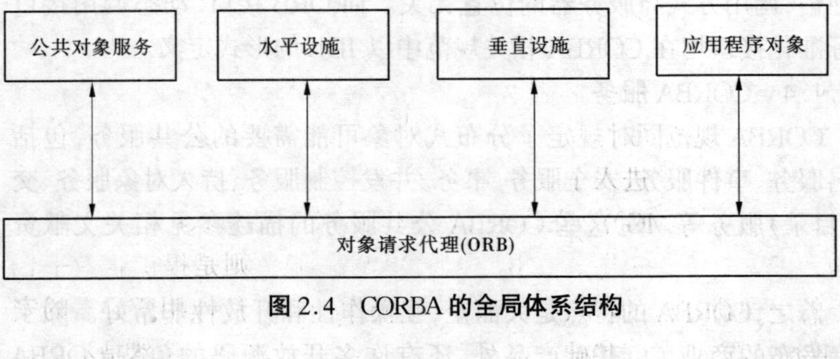

图 2.4 CORBA 的全局体系结构

COBRA标准主要分为对象请求代理、公共对象服务和公共设施3个层次。最底层是对象请求代理ORB,规定了分布对象的定义(接口)和语言映射,实现对象间的通信和互操作,是分布对象系统中的"软总线"。在ORB之上定义了很多公共服务,可以提供诸如并发服务、名字服务、事务(交易)服务、安全服务等各种各样的服务。最上层的公共设施则定义了组件框架,提供可直接为业务对象使用的服务,规定业务对象有效协作所需的协定规则。下面对CORBA的主要组成部分,如接口定义语言(Interface Definition Language, IDL)、对象请求代理(ORB)、GIOP、IIOP、CORBA通用服务等进行简述。

2.3.1.2 CORBA接口定义语言及语言映射

CORBA接口定义语言(IDL)是一种与实现无关的接口定义语言,通过提供定义模块、接口、类型、属性和方法的机制,对CORBA对象的接口进行描述,然后客户端可以根据定义的名字、方法等提出请求。CORBA IDL同时提供了多种编程语言的映射,如C、C++、Java、COBOL、Python、Ada等;程序员使用CORBA组件中提供的工具,从编写的IDL文件自动生成到特定语言的映射。

2.3.1.3 对象请求代理(ORB)

ORB是CORBA的核心部件,其主要结构如图2.5所示。从图中可以看出,CORBA客户端和服务器端通过ORB进行通信,由IDL工具生成IDL占位代码(IDL stub)和IDL骨架程序(IDL skeleton)分别是客户端和服务器与ORB通信的接口。客户端程序通过ORB与服务器通信,调用方式与服务器的位置无关。而ORB接口、动态调用接口等标准化接口均在CORBA相关规范中以IDL的形式定义。

2.3.1.4 CORBA服务

CORBA规范同时规定了分布式对象可能需要的公共服务,包括命名服务、事件服务、安全服务、事务/并发控制服务、持久对象服务、交易(目录)服务等。对这些CORBA公共服务的描述参见相关文献资料。

总之,CORBA的特点是大而全,互操作性和开放性非常好。除了厂商发布的商业CORBA产品外,还有许多开放源码的免费CORBA

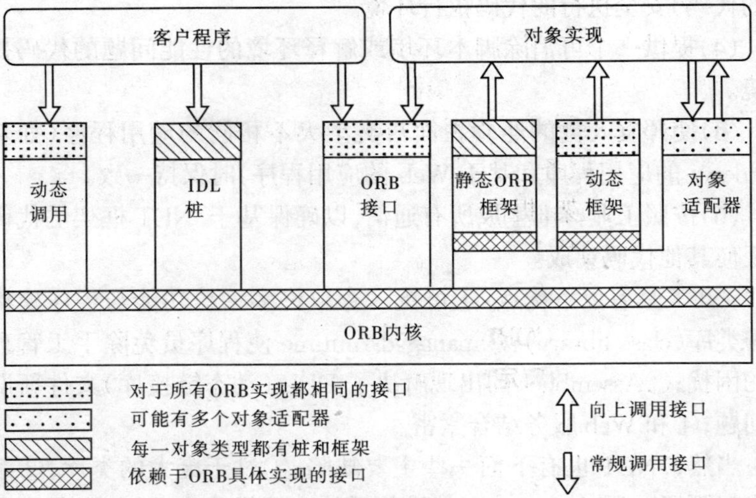

图 2.5 ORB 的结构

产品:如基于 Java 的 JacORB、ATT 实验室的 omniORB、华盛顿大学的 TAO 等。CORBA 的缺点是庞大而复杂,并且技术和标准的更新相对较慢,COBRA 规范从 1.0 升级到 2.0 所花的时间非常短,而再往上的版本的发布就相对十分缓慢了。

2.3.2 .NET

2.3.2.1 概述

微软公司的.NET 是一个新的平台,.NET 有优秀的、强大的与 COM+交互的能力,但是它更是有效的、全新的平台。这就意味着它有自己的强项和弱点。.NET 框架是一种新的计算平台,它简化了在高度分布式 Internet 环境中的应用程序开发。

.NET 框架旨在实现下列目标:

(1)提供一个一致的面向对象的编程环境,无论对象代码是在本地存储和执行,还是在 Internet 上部署和执行。

(2)提供一个将软件部署和版本控制冲突最小化的代码执行环境。

(3)提供一个保证代码(包括由未知的或不完全受信任的第三方创

建的代码)安全执行的代码执行环境。

(4)提供一个可消除脚本环境或解释环境的性能问题的代码执行环境。

(5)使开发人员的经验在面对类型大不相同的应用程序(如基于 Windows 的应用程序和基于 Web 的应用程序)时保持一致。

(6)按照工业标准生成所有通信,以确保基于.NET 框架的代码可与任何其他代码集成。

.NET 具有以下优点:①可统一存取许多系统功能与程序建构的优秀类库(class library);②managed runtime 使程序员免除手工管理内存的困扰;③Assemblies 的出现解决了 DLL (动态链接库)文件新旧覆盖问题;④和 Web 服务结合紧密。

当然,.NET 也有下面一些主要缺陷:①过于庞大的类库;②跟硬件之间隔了一层.Net runtime,进行系统底层操作十分困难;③许多老程序不能在.Net 上运行;④.NET 只能在微软的 Windows 平台上运行。

.NET 框架包括两个主要组件:公共语言运行库和 .NET 框架类库。公共语言运行库是.NET 框架的基础。可以把运行库看做一个在执行时管理代码的代理,它提供内存管理、线程管理、远程处理等核心服务,还强制实施严格的类型安全检查,确保代码准确性。.NET 类库是个综合性的面向对象的可重用类型集合,可以用它开发各式各样的应用,包括传统的命令行程序、GUI(图形用户界面)应用、Web 窗体、Web 服务等。

2.3.2.2 .NET 框架环境

图 2.6 显示公共语言运行库和类库与应用程序之间以及与整个系统之间的关系。下面对.NET 框架的主要组件和功能进行描述。

1. 公共语言运行库的功能

公共语言运行库管理内存、线程执行、代码执行、代码安全验证、编译以及其他系统服务。这些功能是在公共语言运行库上运行的托管代码所固有的。

至于安全性,取决于包括托管组件的来源(如 Internet、企业网络

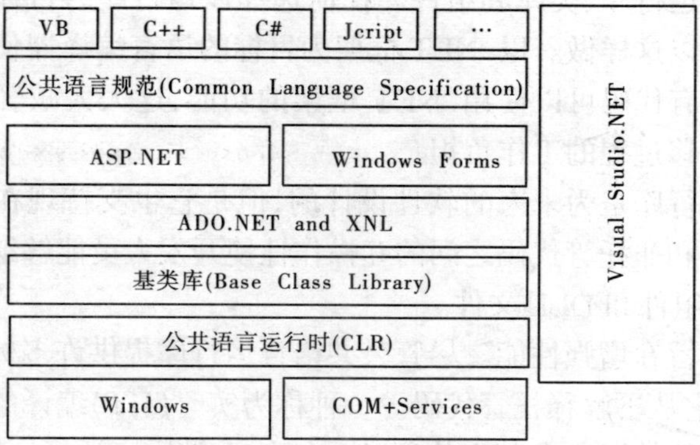

图 2.6 .NET 框架图

或本地计算机)在内的一些因素,托管组件被赋予不同程度的信任。这意味着即使用在同一活动应用程序中,托管组件既可能能够执行文件访问操作、注册表访问操作或其他须小心使用的功能,也可能不能够执行这些功能。

运行库强制实施代码访问安全。例如,用户可以相信嵌入在 Web 页中的可执行文件能够在屏幕上播放动画或唱歌,但不能访问他们的个人数据、文件系统或网络。这样,运行库的安全性功能就使通过 Internet 部署的合法软件能够具有特别丰富的功能。

运行库还通过实现称为通用类型系统(CTS)的严格的类型验证和代码验证基础结构来加强代码可靠性。CTS 确保所有托管代码都是可以自我描述的。各种 Microsoft 和第三方语言编译器生成符合 CTS 的托管代码。这意味着托管代码可在严格实施类型保真和类型安全的同时使用其他托管类型和实例。

此外,运行库的托管环境还消除了许多常见的软件问题。例如,运行库自动处理对象布局并管理对对象的引用,在不再使用它们时将它们释放。这种自动内存管理解决了两个最常见的应用程序错误:内存泄漏和无效内存引用。

运行库还提高了开发人员的工作效率。例如,程序员可以用他们选择的开发语言编写应用程序,却仍能充分利用其他开发人员用其他语言编写的运行库、类库和组件。任何选择以运行库为目标的编译器供应商都可以这样做。以.NET 框架为目标的语言编译器使得用该语言编写的现有代码可以使用.NET 框架的功能,这大大减轻了现有应用程序的迁移过程的工作负担。

尽管运行库是为未来的软件设计的,但是它也支持现在和以前的软件。托管和非托管代码之间的互操作性使开发人员能够继续使用所需的 COM 组件和 DLL 文件。

运行库旨在增强性能。尽管公共语言运行库提供许多标准运行库服务,但是它从不解释托管代码。一种称为实时(JIT)编译的功能使所有托管代码能够以它在其上执行的系统的本机语言运行。同时,内存管理器排除了出现零碎内存的可能性,并增大了内存引用区域以进一步提高性能。

最后,运行库可由高性能的服务器端应用程序(如 Microsoft® SQL Server™和 Internet 信息服务(IIS))承载。此基础结构使您在享受支持运行库宿主的行业最佳企业服务器的优越性能的同时,能够使用托管代码编写业务逻辑。

2. .NET 框架类库

.NET 框架类库是一个与公共语言运行库紧密集成的可重用的类型集合。该类库是面向对象的,并提供用户自己的托管代码可从中导出功能的类型。这不但使.NET 框架类型易于使用,而且还减少了学习.NET 框架的新功能所需要的时间。此外,第三方组件可与.NET 框架中的类无缝集成。例如,.NET 框架集合类实现一组可用于开发定制的集合类的接口。定制的集合类可以与.NET 框架中的类无缝地混合。

除了常见编程任务(如字符串管理、数据收集、数据库连接以及文件访问等)的支持外,.NET 框架类库还包括支持多种专用开发方案的类。例如,.NET 框架可用于下列类型的应用程序和服务的开发:

(1)控制台应用程序。

(2)脚本应用程序或寄宿的应用程序。

(3)Windows GUI 应用程序(Windows 窗体)。

(4)ASP.NET 应用程序。

(5)XML Web services。

(6)Windows 服务。

例如,Windows 窗体类是一组综合性的可重用类,它们大大简化了 Windows GUI 的开发。如果要编写 ASP.NET Web 窗体应用程序,可使用 Web 窗体类。

3. 客户端应用程序开发

客户端应用程序在基于 Windows 的编程中最接近于传统风格的应用程序。这些是在桌面上显示窗口或窗体从而使用户能够执行任务的应用程序类型。客户端应用程序包括诸如字处理器和电子表格等应用程序以及自定义的业务应用程序(如数据输入工具、报告工具等)。客户端应用程序通常使用窗口、菜单、按钮和其他 GUI 元素,并且它们可能访问本地资源(如文件系统)和外围设备(如打印机)。

另一种客户端应用程序是作为 Web 页通过 Internet 部署的传统 ActiveX 控件(现在被托管 Windows 窗体控件所替代)。此应用程序非常类似于其他客户端应用程序:它在本机执行,可以访问本地资源,并包含图形元素。

包含在.NET 框架中的 Windows 窗体类旨在用于 GUI 开发。您可以轻松创建具有适应多变的商业需求所需的灵活性的命令窗口、按钮、菜单、工具栏和其他屏幕元素。

例如,.NET 框架提供简单的属性以调整与窗体相关联的可视属性。某些情况下,基础操作系统不支持直接更改这些属性,而在这些情况下,.NET 框架将自动重新创建窗体。这是 .NET 框架集成开发人员接口从而使编码更简单、更一致的许多方法之一。

和 ActiveX 控件不同,Windows 窗体控件具有对用户计算机的不完全受信任的访问权限。这意味着二进制代码或在本机执行的代码可访问用户系统上的某些资源(如 GUI 元素和受限制的文件访问)而不能访问或危害其他资源。由于具有代码访问安全性,许多曾经需要安装在用户系统上的应用程序现在可以通过 Web 安全地部署。应用程序可以在像 Web 页那样部署时实现本地应用程序的功能。

4. 服务器应用程序开发

在托管领域中,服务器端应用程序是通过运行库宿主实现的。非托管应用程序承载公共语言运行库,后者使自定义托管代码可以控制服务器的行为。此模型在获得主服务器的性能和可伸缩性的同时提供给您公共语言运行库和类库的所有功能。

ASP.NET 是使开发人员能够使用 .NET 框架开发基于 Web 的应用程序的宿主环境。但是,ASP.NET 不止是一个运行库宿主;它是使用托管代码开发 Web 站点和通过 Internet 分布的对象的完整结构。Web 窗体和 XML Web services 都将 IIS 和 ASP.NET 用做应用程序的发布机制,并且两者在.NET 框架中都具有支持类集合。

XML Web services 作为基于 Web 技术的重要发展,是类似于常见 Web 站点的分布式服务器端应用程序组件。但是,与基于 Web 的应用程序不同,XML Web services 组件不具有 UI 并且不以浏览器(如 Internet Explorer 和 Netscape Navigator)为主要目标。相反,XML Web services 包含旨在供其他应用程序(如传统的客户端应用程序、基于 Web 的应用程序或者甚至是其他 XML Web services)使用的可重用的软件组件。因此,XML Web services 技术正迅速地将应用程序开发和部署推向高度分布式 Internet 环境。

和 ASP 技术的早期版本相比,ASP.NET 和 Web 窗体提供了不少改进。例如,可以用.NET 支持的任何语言开发 Web 窗体页;编写的代码也无需与 HTTP 文本共用同一个文件。Web 窗体页和所有其他托管应用程序一样,与运行库进行交互,以本地代码的形式执行。和使用脚本并解释执行的非托管 ASP 相比,ASP.NET 页更快、更实用且更易于开发。

.NET 框架还提供类和工具的集合来帮助开发和使用 XML Web services 应用程序。XML Web services 是基于 SOAP(一种远程过程调用协议)、XML(一种可扩展的数据格式)和 WSDL(Web 服务描述语言)这些标准生成的。基于这些标准生成.NET 框架的目的是为了提高与非 Microsoft 解决方案的互操作性。

例如,.NET 框架 SDK 所包含的 Web 服务描述语言工具可以查询在 Web 上发布的 XML Web services，分析它的 WSDL 描述，并产生 C# 或 Visual Basic 源代码，应用程序可以使用这些代码而成为 XML Web services 的客户端。这些源代码可以创建从类库中的类派生的类，这些类使用 SOAP 和 XML 分析处理所有基础通信。虽然通过类库可以直接使用 XML Web services，Web 服务描述语言工具和包含在 SDK 中的其他工具可以使.NET 框架进行开发更加方便。

如果需要开发和发布定制的 XML Web services，.NET 框架提供了一组符合所有基础通信标准（如 SOAP、WSDL 和 XML）的类。使用这些类开发人员能够把注意力集中在服务的逻辑上，而无须关注分布式软件开发所需要的通信基础设施。

最后，与托管环境中的 Web 窗体页相似，XML Web services 将使用 IIS 的可伸缩通信以本机语言的速度运行。

尽管微软公司推出.NET 已经两年多了，.NET 框架还不够成熟。从.NET 框架图也可以看出，.NET 构建在 Windows 操作系统和 COM+ 服务上，为了交付一个完整的.NET 方案，至少需要把.NET 和 COM+ 组合起来使用。例如，在.NET 中，现在还没有 Microsoft Transaction Server（MTS）或 Microsoft Message Queue Server（MSMQ）的替代品，如需要开发超出简单的 ASP.NET 应用程序时，.NET 就不能单独胜任。

由于.NET 确实具备许多优势，再加上微软公司强大的营销力量，几乎可以肯定.NET 技术在应用程序开发中最终将被广泛采用，特别是在桌面应用开发领域。

但是，由于.NET 是微软公司的专有技术，对于一些具有特殊需求的应用来说，如军事地理信息系统等，采用某一家公司的封闭技术，在开发应用系统的安全性和可维护性方面都没有保证。

2.3.3 J2EE

为了推动基于 Java 的服务器端应用开发，Sun 公司于 1999 年底推出了 J2EE 规范，J2EE 的目标是：提供平台无关的、可移植的、安全的、支持并发访问并完全基于 Java 的开发服务器端构件的标准。

2.3.3.1 J2EE的概念

J2EE是一种利用Java 2平台来简化企业解决方案的开发、部署和管理相关的复杂问题的体系结构。J2EE技术的基础就是核心Java平台或Java 2平台的标准版，J2EE不仅巩固了标准版中的许多优点，例如"编写一次、随处运行"的特性、方便存取数据库的JDBC API、CORBA技术以及能够在Internet应用中保护数据的安全模式等，同时还提供了对EJB(Enterprise JavaBeans)、Java Servlets API、JSP(Java Server Pages)以及XML技术的全面支持。其最终目的就是成为一个能够使企业开发者大幅缩短投放市场时间的体系结构。J2EE体系结构提供中间层集成框架用来满足无须太多费用而又需要高可用性、高可靠性以及可扩展性的应用的需求。通过提供统一的开发平台，J2EE降低了开发多层应用的费用和复杂性，同时提供对现有应用程序集成强有力支持，完全支持Enterprise JavaBeans，有良好的向导支持打包和部署应用，添加目录支持，增强了安全机制，提高了性能。

在J2EE中，Sun给出了完整的基于Java语言开发面向企业分布应用规范。在分布式互操作协议方面，J2EE同时支持RMI和IIOP。在服务器端分布式应用的构造形式上，则包括了Java Servlet、JSP(Java Server Page)、EJB等多种形式，以支持不同的业务需求。而且Java应用程序具有"Write once, run anywhere"的特性，这也使J2EE技术在分布计算领域得到了快速发展。J2EE简化了构建可伸缩的、其于组件服务器端应用的复杂性，与微软公司的.Net不同，J2EE是一个众多厂家参与制定的规范，不同的厂家可以实现自己的符合J2EE规范的产品；目前许多大的分布计算平台厂商都公开支持J2EE技术。

2.3.3.2 J2EE的优势

J2EE为搭建具有可伸缩性、灵活性、易维护性的企业系统提供了良好的机制。

1. 支持异构环境

J2EE能够开发部署在异构环境中的可移植程序。不管是大型机、UNIX平台还是Windows操作系统，基于J2EE开发的应用程序不依赖任何特定操作系统、中间件、硬件。因此，设计合理的基于J2EE的程序只需开发一次就可部署到各种平台。这在典型的异构企业计算环境中是十分关键的。J2EE 标准也允许客户订购与 J2EE 兼容的第三方的现成的组件，把他们部署到异构环境中，从项目开发整体来看，既加快了开发速度，又节省了完成整体方案所需的费用。

2. 可伸缩性

企业必须要选择一种服务器端平台，这种平台应能提供极佳的可伸缩性，满足那些在他们系统上进行商业运作的大批客户。基于 J2EE 平台的应用程序可被部署到各种操作系统上。例如可被部署到高端 UNIX 与大型机系统，这种系统单机可支持 64～256 个处理器。J2EE 领域的供应商提供了更为广泛的负载平衡策略，能消除系统中的瓶颈，允许多台服务器集成部署。这种部署可达数千个处理器，实现可高度伸缩的系统，满足未来商业应用的需要。

3. 稳定的可用性

一个服务器端平台必须能全天候运转以满足公司客户、合作伙伴的需要。因为 Internet 是全球化的、无处不在的，即使在夜间停机维护也可能造成严重损失。若是意外停机，更会造成灾难性后果。J2EE 可以部署到可靠的操作环境中，因此支持长期的可用性。一些 J2EE 部署在 Windows 环境中，客户也可选择健壮性能更好的操作系统，如 Sun Solaris、IBM OS/390 等。最健壮的操作系统可达到 99.999% 的可用性或每年只需 5 分钟停机时间，这是实时性要求很高的企业系统的理想选择。

4. 保留现存的 IT 资产

由于企业必须适应新的商业需求，利用已有的企业信息系统投资，而不是重新制定全盘方案就变得很重要。也就是说，企业需要的是一个以渐进的(而不是激进的，全盘否定的)方式进行、可构建在已有系统之上的服务器端平台机制。J2EE 架构可以充分利用用户原有的投资，如一些公司使用的 BEA Tuxedo、IBM CICS、IBM Encina、Inprise VisiBroker 和 Netscape Application Server 等。这之所以成为可能，是因为 J2EE 拥有广泛的业界支持和一些重要的企业计算领域供应商的参与。每一个供应商都对现有的客户提供了不用废弃已有投资，进入可移植的 J2EE 领域的升级途径。由于基于 J2EE 平台的产品几乎能够在任何操作系统和硬件配置上运行,现有的操作系统和硬件也能继续发挥作用。

5. 高效的开发

J2EE 允许公司把一些通用的、烦琐的服务器端任务交给中间件供应商去完成。这样开发人员可以集中精力在如何创建商业逻辑上,相应地缩短了开发时间。高级中间件供应商可以提供以下这些复杂的中间件服务:

(1)状态管理服务。让开发人员写更少的代码,不用关心如何管理状态,这样能够更快地完成程序开发。

(2)持续性服务。让开发人员不用对数据访问逻辑进行编码就能编写应用程序,能生成更轻巧、与数据库无关的应用程序,这种应用程序更易于开发与维护。

(3)分布式共享数据对象 CACHE 服务。让开发人员编制高性能的系统,极大提高整体部署的伸缩性。

2.3.3.3 J2EE 的四层模型

J2EE 使用多层的分布式应用模型,应用逻辑按功能划分为组件,各个应用组件根据他们所在的层分布在不同的机器上。事实上,Sun 设计 J2EE 的初衷正是为了解决两层模式(client/server)的弊端。在传统模式中,客户端担当了过多的角色而显得臃肿,在这种模式中,第一次部署的时候比较容易,但难以升级或改进,可伸缩性也不理想,而且经常基于某种专有的协议——通常是某种数据库协议。它使得重用业务逻辑和界面逻辑非常困难。现在 J2EE 的多层企业级应用模型将两层化模型中的不同层面切分成许多层。一个多层化应用能够为不同的每种服务提供一个独立的层。典型的 J2EE 四层结构包括:

(1)运行在客户端机器上的客户层组件。

(2)运行在 J2EE 服务器上的 Web 层组件。

(3)运行在 J2EE 服务器上的业务逻辑层组件。

(4)运行在 EIS 服务器上的企业信息系统(Enterprise Information System)层软件。

J2EE 应用程序是由组件构成的。J2EE 组件是具有独立功能的软件单元,它们通过相关的类和文件组装成 J2EE 应用程序,并与其他组件交互。J2EE 规范中定义了下列 J2EE 组件:

(1)客户层组件,包括客户端应用程序和 Applets;

(2)Web 层组件,包括 Java Servlet 和 Java Server Pages(JSP);

(3)业务层组件,即 Enterprise JavaBeans(EJB)。

1.客户层组件

J2EE 应用程序可以是基于 Web 方式的,也可以是基于传统方式的。

Web 层组件:J2EE Web 层组件可以是 JSP 页面或 Servlets。根据 J2EE 规范,静态的 HTML 页面和 Applets 都不是 Web 层组件。Web 层可能包含某些 JavaBean 对象来处理用户输入,并把输入发送给运行在业务层上的 enterprise bean 来进行处理。

2.业务层组件

业务层的代码逻辑用来满足银行、零售、金融等特殊商务领域的需要,由运行在业务层上的 enterprise bean 进行处理。

有三种企业级的 bean:会话(session) beans、实体(entity) beans 和消息驱动(message - driven) beans。会话 bean 表示与客户端程序的临时交互,当客户端程序执行完毕,会话 bean 和相关数据就会消失。相反,实体 bean 表示数据库表中一行永久的记录,当客户端程序中止或服务器关闭时,就会有潜在的系统服务保证实体 bean 的数据得以保存。消息驱动 bean 结合了会话 bean 和 JMS 的消息监听器的特性,允许一个业务层组件异步接收 JMS 消息。

3.企业信息系统层

企业信息系统层处理企业信息系统软件,包括企业基础建设系统,如企业资源计划 (ERP)、大型机事务处理、数据库系统和其他的遗留信息系统等。例如,J2EE 应用组件可能为了数据库连接需要访问企业信息系统。

2.3.3.4 J2EE 的结构

这种基于组件、具有平台无关性的 J2EE 结构使得 J2EE 程序的编写十分简单,因为业务逻辑被封装成可复用的组件,并且 J2EE 服务器以容器的形式为所有的组件类型提供后台服务。因为开发人员不用自己开发这种服务,可以集中精力解决关键的业务问题,提高系统开发的效率。

1.容器和服务

容器设置定制了 J2EE 服务器所提供的内在支持,包括安全、事务管理、JNDI(Java Naming and Directory Interface)寻址、远程连接等服务。下面列出的是最重要的几种服务。

J2EE 事务管理(Transaction Management)模型允许指定组成一个事务所有方法间的关系,这样一个事务中的所有方法被当成一个单一的单元。当客户端激活一个 enterprise bean 中的方法,容器即介入管理事务。因为容器管理事务的存在,在 enterprise bean 中不必对事务的边界进行编码。人工编写控制分布式事务的代码会非常复杂。只需在布置描述文件中声明 enterprise bean 的事务属性,而不用编写、调试复杂的代码。容器将读入此文件并处理此 enterprise bean 的事务。

JNDI 寻址(JNDI Lookup)服务向企业内的多重名字和目录服务提供了一个统一的接口,这样应用程序组件可以访问名字和目录服务。

J2EE 安全模型可以让你配置 Web 组件或 enterprise bean,这样只有被授权的用户才能访问系统资源。每一客户属于一个特定的角色,而每个角色只允许调用特定的方法。在 enterprise bean 的部署描述中应声明角色和可被调用的方法。由于这种声明性的方法,开发人员不必编写加强安全性的规则。

J2EE 远程连接(Remote Client Connectivity)模型管理客户端和 enterprise bean 间的底层交互。当一个 enterprise bean 创建后,一个客户端调用它的方法就像它和客户端位于同一虚拟机上一样。

生存周期管理(Life Cycle Management)模型管理 enterprise bean 的创建和移除。一个 enterprise bean 在其生存周期中将会历经几种状态,容器创建 enterprise bean,并在可用实例池与活动状态中移动,而最终将其从容器中移除。即使可以调用 enterprise bean 的 create 及 remove 方法,容器也将会在后台执行这些任务。

数据库连接池(Database Connection Pooling)模型是一个有价值的资源。获取数据库连接是一项耗时的工作,而且连接数非常有限。容器通过管理连接池来缓和这些问题。enterprise bean 可从池中迅速获取连接,在 bean 释放连接后可为其他 bean 使用。

2.容器类型

J2EE 应用组件可以安装部署到以下几种容器中去:

(1)EJB 容器管理所有 J2EE 应用程序中企业级 bean 的执行,enterprise bean 和它们的容器运行在 J2EE 服务器上。

(2)Web 容器管理所有 J2EE 应用程序中 JSP 页面和 Servlet 组件的执行,Web 组件和它们的容器运行在 J2EE 服务器上。

(3)应用程序客户端容器管理所有 J2EE 应用程序中应用程序客户端组件的执行,应用程序客户端和它们的容器运行在 J2EE 服务器上。

(4)Applet 容器是运行在客户端机器上的 Web 浏览器和 Java 插件的结合。

2.3.3.5 J2EE 的核心 API 与组件

J2EE 平台由一整套服务(services)、应用程序接口(APIs)和协议构成,它对开发基于 Web 的多层应用提供了功能支持,下面对 J2EE 中的主要技术规范进行简单的描述。

1.JDBC(Java Database Connectivity)

JDBC API 为访问不同的数据库提供了一种统一的途径,像 ODBC 一样,JDBC 对开发者屏蔽了一些细节问题。另外,JDBC 对数据库的访问也具有平台无关性。

2.JNDI(Java Name and Directory Interface)

JNDI API 用于执行名字和目录服务。它提供了一致的模型来存取和操作企业级的资源,如 DNS 和 LDAP、本地文件系统、应用服务器中的对象。

3.EJB(Enterprise JavaBean)

EJB 技术是在 Java Bean 本地组件技术基础上开发的面向服务器端分布应用的组件技术。EJB 是 Sun 推出的 J2EE 规范的一部分,自从 J2EE 推出之后，得到了广泛的发展，已经成为应用服务器端的标准技术。EJB 提供了一个开发和实施分布式商务逻辑的框架，大大地简化了具有可伸缩性和高度复杂的企业级应用的开发。EJB 规范定义了 EJB 组件如何与 EJB 容器(container)进行交互。容器负责提供公用服务，如目录服务、事务管理、安全性、资源缓冲池以及容错性等。但 EJB 并不是实现 J2EE 的唯一途径。正是由于 J2EE 的开放性，使得有的厂商能够以一种和 EJB 平行的方式来达到同样的目的。

EJB 基于 Java 语言，提供了基于 Java 二进制字节代码的重用方式。EJB 技术的推出，使得用 Java 基于组件技术开发服务器端分布式应用成为可能。从企业应用多层结构的角度来看，EJB 是业务逻辑层的中间件技术。与 JavaBeans 的关键不同是它提供了事务处理的能力。自从三层结构提出以后，中间层(即业务逻辑层)从数据存储层分离，部分取代了存储层的部分功能，成为事务处理的核心。从分布式计算的角度来看，像 CORBA 一样，EJB 提供了分布式计算的基础设施，为对象间的通信提供了标准的途径。从 Internet 技术应用的角度来看，EJB 和 Servlet、JSP 一起成为新一代应用服务器的技术标准。EJB 中的 Bean 可以分为会话 Bean 和实体 Bean：前者维护会话，后者处理事务。Servlet 负责与客户端通信、访问 EJB，并把结果通过 JSP 产生页面传回客户端。

4. JSP(Java Server Pages)

JSP 页面由 HTML 代码和嵌入其中的 Java 代码所组成。服务器在页面被客户端所请求后对页面中的 Java 代码进行处理，然后将生成的 HTML 页面返回给客户端的浏览器。

5. Java Servlet

Servlet 是一种小型的 Java 程序，它扩展了 Web 服务器的功能。作为一种服务器端的应用，和 CGI 脚本类似，当被请求时开始执行。Servlet 提供的功能与 JSP 类似，但实现方式不同。JSP 通常在大量的 HTML 代码中嵌入少量的 Java 代码，而 servlets 全部由 Java 写成并且生成 HTML。

6. RMI/IIOP

RMI (Remote Method Invocation,远程方法调用) 是 Java 的分布式对象标准,允许位于不同主机上的 Java 类之间进行通信。Java RMI 是个应用程序编程接口(API),还是个分布对象模型;使用 RMI, Java 程序员可以像调用本地操作一样进行网络调用,从而很容易地构造分布式系统。IIOP 协议本来是 CORBA 的一种传输协议,和 RMI 结合在一起,使得整合非 Java 对象变得更加简单。

7. Java IDL/CORBA

在 Java IDL 的支持下,开发人员可以将 Java 和 CORBA 集成在一起。他们可以创建 Java 对象并在 CORBA ORB 中部署,或者创建 Java 类作为和其他 ORB 一起部署的 CORBA 对象的客户。后者可用于遗留系统的集成。

8. XML(Extensible Markup Language)

XML 是一种可以用来定义其他标记语言的语言。它被用来在不同的商务过程中共享数据。XML 的发展和 Java 是相互独立的,但是,它和 Java 具有的相同目标正是平台独立性。Java 和 XML 的组合构成一个完美的具有平台独立性的解决方案。

9. JavaMail

JavaMail 是用于存取邮件服务器的 API,它提供了一套邮件服务器的抽象类。JavaMail 同时支持 SMTP 服务器和 IMAP 服务器。

10. JAF(JavaBeans Activation Framework, JavaBeans 激活框架)

JavaMail 利用 JAF 来处理 MIME 编码的邮件附件。MIME 的字节流可以被转换成 Java 对象,或者转换自 Java 对象。大多数应用不需要直接使用 JAF。

11. JMS(Java Message Service)

JMS 是用于和面向消息的中间件相互通信的应用程序接口(API)。它既支持点对点的域,又支持发布/订阅(publish/subscribe)类型的域,并且提供对下列类型的支持:经认可的消息传递、事务型消息的传递、一致性消息和具有持久性的订阅者支持。JMS 还提供了与遗留后台系统集成的一种方式。

12. JTA(Java Transaction Architecture,Java 事务构架)

JTA 定义了一种标准的 API,应用系统由此可以访问各种事务监控。

13. JTS(Java Transaction Service,Java 事务服务)

JTS 是 CORBA OTS 事务监控的基本实现。JTS 规定了事务管理器的实现方式。该事务管理器是在高层支持 Java Transaction API (JTA)规范,在系统底层实现 OMG OTS 规范的 Java 映像。JTS 事务管理器为应用服务器、资源管理器、独立的应用以及通信资源管理器等提供事务服务。

2.3.4 上述分布式技术的对比分析

虽然上述三种平台因其形成的历史背景有所不同,各有其侧重和特点,其实在它们之间也有很大的相通性和互补性。比如,CORBA 是得到众多厂商认可的开放性标准,这是其优势,也是其弱点,因为规范的通过需要较长的时间,厂商推出实现新规范的产品又要一段时间。.NET得益于和 Windows 操作系统的紧密结合,特别适合桌面应用。J2EE 尽管功能强大,但相当复杂,对小型应用来说可算是“杀鸡用牛刀”。下面分别从开放性、对组件技术的支持、互操作等与 GIS 密切相关的几个方面进行对比分析。

2.3.4.1 开放性

.NET 是个产品,CORBA 和 J2EE 是规范,也就是说,选择.NET 框架意味着选择微软公司,存在厂商锁定的风险。无论选择 CORBA 和 J2EE,有许多厂商的成熟实现可以选择;如果不满意某家厂商的产品、服务,更换厂商、使用其他符合规范的产品相对简单。相对而言,CORBA 和 J2EE 的开放性更好。

2.3.4.2 对组件技术的支持

目前在上述的各种分布计算平台技术中都出现了相似且具有可比性的分布式组件,即 CORBA CCM(CORBA Component Model,CORBA 组件模型)技术、SUN 的 EJB 技术和.Net 中的 COM/DCOM/COM+技术。

CORBA组件模型是OMG组织制定的一个用于开发和配置分布式应用的服务器端组件模型规范，该技术是在支持POA的CORBA规范(版本2.3以后)基础上结合EJB当前规范的基础上发展起来的，主要包括三项内容：

(1)抽象组件模型。用于描述服务器端组件结构及组件间互操作的结构。

(2)组件容器结构。用于提供通用的组件运行和管理环境，并支持安全、事务、持久状态等系统服务的集成。

(3)组件的配置和打包规范。CCM使用打包技术来管理组件的二进制、多语言版本的可执行代码和配置信息，还明确了组件包的具体内容和基于XML的文档内容标准。

EJB提供了一个概念清晰、结构紧凑的分布计算模型和组件互操作的方法，为组件应用开发提供了相当的灵活性。尽管CCM对组件技术提供了较好的支持，但推出太晚，这时EJB产品在市场上已树立了难以动摇的地位。而且CORBA CCM更多是一种集成技术，而不是编程技术；它提供了对各种功能模块进行组件化处理并将它们捆绑在一起的黏合剂。

2.3.4.3 对互操作的支持

.NET是微软提出的基于Windows操作系统的产品，尽管有把.NET移植到其他操作系统的尝试(如Mono)，目前只有Windows是唯一的全面支持.NET的操作系统。J2EE得益于Java语言的跨平台特点，天生支持多种操作系统。CORBA则是为跨平台而设计的，各主流操作系统上都有成熟的ORB实现，如宝兰公司的VisiBroker，同时支持Windows、Unix及大型机。

CORBA不仅支持跨操作系统的互操作，还支持跨语言的互操作，即用不同语言编写的代码之间可交互。.NET框架通过其公共语言运行库(CLR)、基础类库、公共语言规范(CLS)对语言互操作提供支持，但是主要针对托管的语言，在.NET中使用非托管语言需要进行特别的处理(如P/Invoke等)。J2EE得益于Java跨平台的特点，同时也受到Java的限制，J2EE同其他编程语言的交互可通过RMI/IIOP、JNI

(Java 本地接口)、CORBA 实现。目前许多平台都能实现 EJB 组件和 CORBA 组件的互操作。

总之,分布式计算平台的选择没有简单的答案,只能根据具体情况具体分析;需要考虑的因素包括互操作性、性能、安全性、投资规模、开发时间等。现有的操作系统、软件部署,对未来业务需求的预测及决策也至关重要。只有慎重地考虑这些因素,才能做出明智的选择。

第3章 GWS涉及的关键技术

本章主要讨论与基于 REST 的 GIS Web 服务(GWS)联系非常紧密的技术,这些技术是 GWS 的基础,也是实现 GWS 的前提。主要包括 HTTP、URI、MIME、XML、RDF、Web 服务等,下面分别就 XML、RDF、Web 服务等进行探讨。

3.1 XML及相关标准

XML(eXtensible Markup Language,可扩展标记语言)是一种可以用来创建自己的标记的标记语言,是由 W3C(World Wide Web Consortium,互联网协会)于 1998 年 2 月发布的一种标准,是 SGML(Standard Generalized Markup Language,标准通用置标语言)的一个简化子集。XML 兼具 SGML 的强大功能、可扩展性以及 HTML 的简单性,以一种开放的自我描述方式定义数据结构,在描述数据内容的同时突出对结构的描述,从而体现数据间的关系。使用这种方式组织的数据对于应用程序和用户都是友好的、可操作的。XML 不受操作系统、编程语言等的限制,便于异构应用间共享数据,得到业界厂商、开发人员和最终用户的广泛支持。

从互联网到华尔街,从硅谷的 IT 精英到医药界的 HIS 应用,从在线新闻出版到远程教育培训,从企业财会报表到内部资源管理系统建设,各种各样的行业 XML 标准和规范纷纷出台,据不完全统计多达 350 项。

XML 是一个技术大家族。XML1.0 确定标签(tags)及属性(attributes)的定义。XLink 解释了如何为 XML 文档加入链接。CSS 定义样式表语言,处理 XML 文档的显示。XSL 是表达版面样式的进阶语言。在 XSL 基础上发展来的 XSLT,用于重新排列、添加、删除 XML

文档中的标签或属性。XML 模式(schemas)使开发者能够精确地定制专用的 XML 标签(词汇表)。还有用于图像渲染的 SVG、VML、X3D,涉及安全性的 XML 签名、XML 加密等。XML 相关的标准一直在不断的开发中,新的标准、规范仍在不断出现。

3.1.1 XML 的特点

3.1.1.1 开放性

XML 的优势之一是开放性,它允许各个组织、个人建立适合自己需要的标记集合,并且这些标记可以迅速地投入应用。这一特征使得 XML 可以在电子商务、政府文档、司法、出版、CAD/CAM、保险机构、厂商和中介组织信息交换等领域中一展身手,针对不同的系统、厂商提供各具特色的独立解决方案。

3.1.1.2 分离性

XML 的优势之二是分离性,它的数据存储格式不受显示格式的制约。例如一篇文档包括数据内容、结构以及显示方式三个要素。对于 HTML 来说,显示方式内嵌在数据中,在创建文本时,要时时考虑输出格式。如果因需求不同需要对同样的内容进行不同风格的显示,则要从头创建一个全新的文档,重复工作量很大。此外,HTML 缺乏对数据结构的描述,对于应用程序理解文档内容、抽取语义信息都有诸多不便。

3.1.1.3 自描述性

XML 文档通常包含一个文档类型声明,从而使 XML 文档成为自描述的,不仅人能读懂 XML 文档,也便于计算机处理。XML 文档中的数据可以被任何能够对 XML 数据进行解析的应用所提取、分析、处理,并以所需格式显示。XML 表示数据的方式真正做到了独立于应用系统,实现了数据的重用,因此 XML 适合开放的信息管理。另外,因为它的自描述性,文档里的数据可以由 XML 使能的(XML - aware)应用来创建、查询和更新,跟处理传统的关系型数据库、面向对象数据库里的数据类似。XML 甚至还能用来表示那些以前不被看做文档但是对传统的数据库来说又过于复杂而难以处理的数据。所以,XML 文档被看做是文档的数据库化和数据的文档化。XML 的自我描述性质能够很好地表现许多复杂的数据关系,使得基于 XML 的应用程序可以在 XML 文件中准确高效地搜索相关的数据内容,忽略其他不相关部分。

3.1.1.4 无版权限制

XML 没有版权限制,独立于软件平台,有良好支持。使用 XML 作为项目实施的基础,即可得到大量工具,以及业界专家多年积累的经验。XML 没有版权限制,使用 XML 技术不必向任何厂商支付许可证费用。众多厂商对 XML 技术的支持意味着选择 XML 技术将不会被某一家厂商锁定。

XML 还有许多其他优点,比如它有利于不同系统之间的信息交流,完全可以充当网际语言,并已成为互联网上数据和文档交换事实上的标准。

3.1.2 XML 模式语言

在 XML 世界中,模式指的是描述 XML 文档的文档。XML 模式最常见的用途是用来验证 XML 文档的有效性(validity),也可作为交易双方的合约、系统文档,为用户定义词汇表,建立词汇表文档,定义新的应用程序或特定领域的数据类型,进行数据扩充(为 XML 实例文档填充默认值),为应用程序提供附加信息,生成应用程序代码,如 Java 代码,数据库模式定义等。

XML Schema 是 W3C 于 2001 年 5 月发布的推荐标准,XML Schema 一经确定,立刻成为全球公认的首选 XML 环境下的建模工具,取代了 DTD 在 XML 刚刚成为 W3C 推荐标准时的地位。在 XML 模式出现之前,DTD(文档类型定义)是描述 XML 文档的常见方法,用来定义 XML 文档实例必须遵守的结构,包括 XML 元素类型中子元素的结构和顺序、元素类型的属性、属性的基本数据类型、属性的默认值和固定值等。尽管 DTD 比较简单、语法紧凑,但它使用独特的非 XML 语法,需要特殊的解析程序;数据类型机制不完善,不允许复杂的内容模式或数据类型;更适合为文档结构建模,而不是描述数据。而 XML

Schema 正是针对 DTD 的这些缺点而设计的，XML Schema 是完全使用 XML 作为描述手段，是结构化、基于 XML 的描述数据结构的机制，具有很强的描述能力、扩展能力(定义新的数据类型)和处理维护能力。

3.1.2.1 支持名称空间

在这个协作的世界中，一个人可能处理来自多个其他团体的文档，而不同的团体可能希望以不同的方式表示他们的数据元素。此外，他们还可能在一个文档中引用不同团体创建的同名元素。XML Schema 使用名称空间区分这些定义。

XML 模式中定义的名字称为其目标名称空间。名称空间本身有一个固定但没有限制的名字，必须符合 URL 语法，如 http://www.exampleshop.com/Product。名称空间的名字语法容易让人混淆，尽管以"http://"开始，名称空间的 URL 并不一定指向包含模式定义的文件。事实上，"http://www.exampleshop.com/Product"可以不指向任何文件，只是用来区分不同的 XML 模式。

模式中的定义和声明可以引用属于其他名称空间的名字，这些名称空间叫做源名称空间。每个模式都有一个目标名称空间，但可以有多个源名称空间。名称空间的名字可能相当长，但在 XML 文档中通过 xmlns 声明可使用简写形式。

3.1.2.2 数据类型定义

对数据类型的精确描述是 XML 模式的一大特点。除了 XML 模式规范中预先定义的数据类型，如 string、integer、double、date 等，用户还可以使用 XML 模式定义的数据类型包括简单类型和复杂类型。简单类型的值不能包含 XML 元素或属性，通过约束了基类型的值实现(见程序示例 3.1)。复杂类型则可以实现元素中嵌套 XML 元素的效果，或者为 XML 元素增加属性(见程序示例 3.2)。

程序示例 3.1 XML 模式定义的简单类型

```
<xs:simpleType name="isbnType">
  <xs:restriction base="xs:string">
    <xs:pattern value="[0-9]{10}"/>
  </xs:restriction>
```

```
</xs:simpleType>
```

程序示例 3.2　XML 模式定义的复杂类型

```
<xs:complexType name="bookType">
  <xs:sequence>
    <xs:element name="书名" type="xs:string"/>
    <xs:element name="作者" type="xs:string"/>
    <xs:element name="简介" type="xs:string"/>
  </xs:sequence>
</xs:complexType>
```

XML Schema 并不是唯一的 XML 模式语言,其他常用的模式语言包括 RELAX NG、Schematron 等。RELAX NG 是 OASIS 开发的 XML 模式语言,没有内置的数据类型(通常使用 XML 模式语言的类型库),比 XML 模式语言更简单、灵活,专门用于 XML 实例文档的有效性验证。

3.1.3　GML

GML 是一个基于 XML 之上的地理信息描述、转换、传输标准。它有两个主要用途:

(1)地理数据的转换。它可以作为一个公共的地理空间数据转换格式标准,不同软件生产的数据可以转换为用 XML 描述,按照 ISO 19117 空间模型表达的数据格式,应用软件可以读取这一格式转到相应的系统中。

(2)地理数据实时传输协议。当两个系统要进行在线互操作时,按照这种公共描述语言描述的格式进行实时通信,可以实现互操作。

GML 提供了面向 Web 表达地理空间数据的丰富语法,通过开放地理信息系统联合会(OGC)领导的持续的标准化努力,这一数据格式建立了可信度,在业界得到广泛使用,许多国际组织,像英国的 Ordnance Survey、加拿大的环境部等都采用了 GML。GML 使构建创新的地理空间应用软件成为可能,这些应用程序使用的数据交换格式,其他应用程序能够被教会如何使用。

目前许多常见的GIS系统还没有输出GML的功能，但从专有格式(像ESRI公司的GeoDatabase和shape格式、MapInfo公司的mid/mif格式)转换成GML，并不是特别困难。Frank Warmerdam的地理空间数据抽象库(GDAL)中的一个实用工具ogr2ogr，能把绝大多数空间数据格式转换成GML。

GML是一个复杂的标准。当前ISO的标准草案文本就是以OGC GML3.1.0为蓝本的草案。它包含的内容很多，除常规的二维矢量GIS信息以外，还包括复杂目标、拓扑信息、三维目标、时态信息、地理覆盖、注记符号、空间参考等信息。GML提供了跨平台使用的条件，正符合Web GIS应用开发上的需要，各界皆对其抱热烈的期待。但现阶段的规格和技术仍未完全成熟，有待后续不断地发展及研究。

3.2 语义Web与RDF

3.2.1 语义Web (Semantic Web)

语义Web(见图3.1)是最近才提出的一个概念，即Web的内容不仅用来显示，更重要的是具有真正的含义，使得可以用软件工具在Web中漫游来处理用户提出的复杂任务。而实现语义Web的一个关键技术就是RDF，因为RDF提供了资源的通用描述方式。语义Web的一个目标是突破虚拟世界的界限来控制现实世界，当我们可以用RDF来描述电视机、电话等设备来实现对它们的协调控制的时候，想一想那是多么美好的未来！

语义Web是个基于元数据、并能进行推理的基础设施。语义Web是对现有Web的扩展，而不是取代。从语义Web概念的提出至今，已有大量应用。有些是完全基于RDF的应用，基于Ontology(本体)的应用正在出现。现有的许多Ontology都是使用专有格式，把它们转换到OWL需要大量工作。

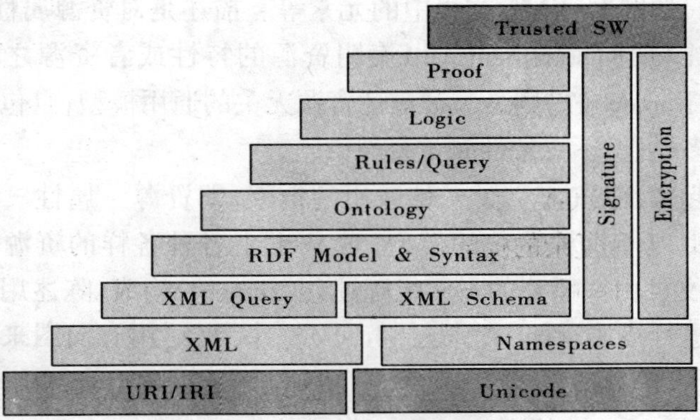

图 3.1 语义 Web 体系结构

3.2.2 RDF 简介

如果网络上的资源在创建之初就使用元数据对进行描述，资源的搜索、使用会有多么方便。但怎样用元数据进行描述，需要有个标准，W3C 提出的用于描述 Web 资源的 RDF(Resource Description Framework，资源描述框架)就是这样的标准，RDF 给出了 Web 数据集成的元数据解决方案。

RDF 采用简单的资源 - 属性 - 值三元组来描述资源，由于 RDF 采用 XML 语法，这样就可以很容易地实现资源的自动搜索，而不需要进行人工进行标注，并且可以达到更高的准确率；另外，RDF 描述可以很容易进行综合，产生表面不易观察出来的信息。

Dublin Core 是使用 RDF 描述的用于数字图书馆元数据词汇。基于 RDF 的 RSS 则是得到广泛应用的新闻收集程序的技术基础。开源浏览器 mozilla 也是使用 RDF 的主要应用程序之一，其书签、配置文件都使用 RDF 的格式。Adobe 公司的 XMP 为该公司的所有产品加入基于 RDF 的元数据。航空业的巨头波音公司，使用 RDF/RDFS 开发元数据词汇，对公司资源进行语义集成。

RDF 的含义就是描述资源的框架，其中资源(resource)指所有在 Web 上被命名、具有 URI(Unified Resource Identifier，统一资源描述符)的东西,如网页、XML 文档中的元素等。描述是对资源属性(property)的一个陈述(statement),以表明资源的特性或者资源之间的联系。框架(framework)则是与被描述资源无关的通用模型,以包容和管理资源的多样性、不一致性和重复性。

综合起来,RDF 定义了一种通用的框架,即资源 - 属性 - 值的三元组。RDF 基于这种简单的模型,对 Web 上各种各样的资源进行描述。RDF 文档由一系列的三元组陈述(statement)构成,陈述用来对资源的属性进行描述。如"＜张三, hasPet, 小黑＞"用有向图来表示如图 3.2 所示。

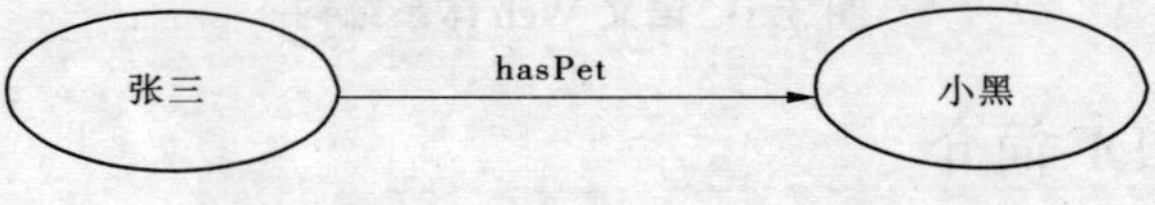

图 3.2　用有向图表示的 RDF 三元组

图 3.2 的意思是张三(资源,又叫主词)有宠物(hasPet)这个属性(又叫谓词)的值是小黑。

程序 3.3 是一个 RDF 文档的简单示例。第 1 行指明被描述资源的 URI;第 2 行指出被描述资源有一个 Author 属性,其值是 Tim Bray;第 3 行是被描述资源的又一个属性,即主页,其值指向另一资源;第 4 行为结束标志。

程序示例 3.3　RDF 文档

```
[1] <rdf:Description about='http://www.textuality.com/RDF/Why-RDF.html'>
[2]         <Author> Tim Bray </Author>
[3]         <Homepage rdf:resource='http://www.textuality.com/'>
[4]     </rdf:Description>
```

3.2.3　RDF 的实现机制

使用 RDF 实现 Web 元数据描述与交换,建立在两大关键技术——URI 和 XML 之上。URI 是 Web 资源的唯一标识,它是更常用的统一资源定位符 URL 的超集，除了网页以外，它还可以标识页面上的元素、书籍、电视等资源，甚至可以标识某一个人。在 RDF 中，资源无所不在，资源的属性是资源，属性的值可以是资源，甚至一个陈述也可以是资源，也就是说，所有这些都可以用 URI 标识，可以再用 RDF 来描述。那 RDF 怎样放在网络上让人使用呢？XML 作为一种通用的文件格式承担了这个责任，它定义了 RDF 的表示语法，这样就可以方便地用 XML 来交换 RDF 的数据。

RDF 实现 Web 上的元数据描述和交换机制：RDF 使用 XML 语法，首先指定词汇集的 URI（词汇集可以是多个），再使用指定的词汇集来描述资源，不同的词汇集间通过 RDF 模式（RDF Schema）联系。为更加清楚地理解上述机制，我们来看一个使用 XML 格式表达的 RDF 的例子（注意括号中的注释）（见程序示例 3.4）。

程序示例 3.4　使用多个词汇集的 RDF 文档

```
<rdf:RDF
xmlns:rdf="http://www.w3.org/1999/02/22-rdf-syntax-ns#"
xmlns:dc="http://www.purl.org/DC/"                                  (词汇集 1 的 URI)
xmlns:nm="http://www.metalab.unc.edu/xml/names/">                   (词汇集 2 的 URI)
<rdf:Description about="http://www.metalab.unc.edu/xml">            (被描述资源的 URI)
  <dc:CREATOR parsetype="Literal">          (用词汇集 1 的元数据 CREATOR 描述作者属性)
    <nm:FirstName>Elliotte</nm:FirstName>   (用词汇集 2 的元数据描述作者的姓名属性)
    <nm:MiddleName>Rusty</nm:MiddleName>
    <nm:LastName>Harold</nm:LastName>
  </dc:CREATOR>
</rdf:Description>
</rdf:RDF>
```

3.2.4　RDFS

RDF 为网络资源提供了一种元数据描述的标准机制，以及 RDF 的 XML 表示法，但并没有为词汇定义特定含义（语义）的机制。RDF 模式（RDF Sechma，简称 RDFS）是 RDF 语言的必要补充，使用 RDFS 可定义词汇及词汇间的关系，赋予 RDF 陈述中的资源、属性以语义，便于计算机的自动处理。

RDF 只定义了用于描述资源的框架,并没有定义用哪些元数据来描述资源。因为描述不同资源的元数据是不同的,如果要定义一种可描述所有种类资源的元数据集,在目前还是不现实的,不但工作量巨大,而且即使定义出这样的元数据集,能否得到认可、采用都是问题。对于已经使用某种形式的元数据的应用(如图书馆),要放弃原来的元数据集采用一种新的元数据集,其工作量是可想而知的,估计实施过程中遇到的阻力会很大。

RDF 采用的是另外一种方法,即它允许任何人定义元数据来描述特定的资源,由于资源的属性不止一种,因此实际上一般是定义一个元数据集,这在 RDF 中被称做词汇(vocabulary),词汇也是一种资源,可以用 URI 来唯一标识,这样,在用 RDF 描述资源的时候,可以使用各种词汇集,只要用 URI 指明它们即可。当然,各种词汇集的受欢迎程度可能不同,有的也许只是被定义它的人使用,有的却由于其定义的科学性为许多人所接受,如以类似图书馆卡片目录的方式来定义资源的词汇集 Dublin Core,定义教育内容 IMS 元数据,定义个人信息的 V-Card 元数据等。既然词汇集是资源,当然可以用 RDF 来描述它的属性以及和其他词汇集间的关系,W3C 为此特地提出 RDF Schema 来定义怎样用 RDF 来描述词汇集,也就是说 RDF Schema 是定义 RDF 词汇的词汇。例如:

http://mymetadata.vocab.org/Author

---rdfs:subPropertyOf --->

http://purlorg/dc/elements/1.0/Creator

即表示某人自己定义的元数据 Author 是 Dublin Core 的元数据 Creator 的特殊形式。RDF Schema 正是通过这样的方式来描述不同词汇集的元数据之间的关系,从而为元数据交换打下基础。

3.2.5 RDF 的特点

3.2.5.1 易于处理

RDF 使用简单的资源-属性-值三元组模型,所以容易控制、处理，即便是海量数据。这是个非常重要的特点，因为现在 Web 资源越来越多，如果用来描述资源的元数据格式太复杂，势必会大大降低元数据的使用效率，其实从功能的角度来看，完全可以直接使用 XML 来描述资源，但 XML 结构比较复杂，允许复杂嵌套，不容易进行控制。采用 RDF 可以提高资源检索和管理的效率，从而真正发挥元数据的功用。

3.2.5.2 易扩展

使用 RDF 描述资源时，词汇集和资源描述是相对独立的，所以可以很容易扩展。如果要增加描述资源的属性，只需要在词汇集中定义相应元数据即可；而如果使用的是关系数据库，增加新字段可不是件容易的事情。

3.2.5.3 包容性

RDF 允许任何人定义自己的词汇集，并可以无缝地、根据需要使用多种词汇集来描述资源。比如，程序示例 3.4 中描述网页资源时用 Dublin Core 描述其作者属性，而在描述作者的姓名时又使用了另外一个专门描述姓名的词汇集。

3.2.5.4 可交换性

RDF 使用 XML 语法，可以很容易地在网络上实现数据交换；另外，RDF Schema 定义了描述词汇集的方法，可以在不同词汇集间通过指定元数据关系来实现语义理解层次上的数据交换。

3.2.5.5 易综合

在 RDF 中资源的属性是资源，属性值可以是资源，关于资源的陈述也可以是资源，都可以用 RDF 来描述，这样就可以很容易地将多个描述综合，以达到发现知识的目的。例如，在描述某书籍时指明其作者属性值是另一资源，我们就可以根据描述作者的 URI 来获得作者的信息（如毕业院校等），从而知道这本书是某一院校的毕业生写的，于是在表面上看来没任何关系的两者间建立的联系，而这种联系往往是知识发现的前奏。

总的说来，RDF 为 Web 资源描述提供了一种通用框架，它以一种机器可理解的方式被表示出来，可以很方便地进行数据交换，RDF 提供了 Web 数据集成的元数据解决方案。通过 RDF 的帮助，Web 可以实现目前还很难实现的一系列应用，如可以更有效地发现资源，提供个性化服务，分级与过滤 Web 的内容，建立信任机制，实现智能浏览和语义 Web 等。当然，现在的 RDF 还处于标准的制定和推广阶段，要在整个网络上都实现用 RDF 来描述资源，还有很长的一段路要走，这需要各方面的共同努力。

3.2.6 RDF 还是 XML

在特定的应用中，应该使用 XML 还是 RDF 呢？简单地说，应根据应用具体需求决定，而且要了解 XML 模型与 RDF 模型的不同。两种模型的区别见表 3.1。

表 3.1 XML 模型与 RDF 模型的对比

项目	XML 模型	RDF 模型
结构	树型结构；严格的分层(hierachy)	松散的关系集合
定位	应用程序可依靠分层结构位置(如 HTML 里的 li)	应用程序可进行像“数据库”一样的搜索；寻回分层结构比较困难
合并文档	合并树型结构的文档比较困难	便于关系合并；利于不同种类信息的集成

RDF/XML 格式不便于人类阅读，但 RDF/XML 只是 RDF 模型的一种表现方式，可以使用的其他表现形式包括有向图、N3 等。“RDF 做对了什么”的作者认为 RDF 对于处理特定问题具有很大优势。RDF 的首要方式是描述。XML 通常直接展示东西(文档、表格)；RDF 侧重对这些东西进行描述，而不是展示这些东西。对于元数据应用、本体(ontology)开发等应用，RDF 比 XML 显得更适合。

3.3 Web 服务与 SOA

随着应用程序间相互通信及互操作性需求的增长，Web 服务在互联网上的应用迅猛发展。这些服务为不同应用程序间相互通信提供了一种标准的手段。为了提高这些应用程序的互操作性、可扩展性，W3C 提出了一个“Web 服务标准参考框架”，其目标包括互操作性、可靠性、与互联网的整合、安全性以及可伸缩及扩展性等。

Web 服务是当前主流分布式计算技术的进一步发展，是.Net 和 J2EE 等平台的组成部分，是其必要的补充。它是两者共同支持的技术，也几乎是两者间实现互操作的唯一途径。廉价的带宽、存储设备和无处不在的计算设施使 Web 服务成为可能，而构建具有最广泛互操作性的系统，只有使用得到所有主流分布式计算平台（J2EE、.Net 和 CORBA）都支持的技术——Web 服务。

3.3.1 Web 服务的概念及特点

从字面上讲，Web 服务就是通过互联网提供的服务。Web 服务一经发布，其他应用程序（Web 服务）即可发现、激活（调用）该服务，即使这些服务位于完全不同的平台上。一个典型的 Web 服务流程是这样的：客户应用程序通过基于 HTTP 之上的 SOAP 协议（简单对象访问协议）向位于特定 URL 的服务发出请求；该服务收到请求，进行处理，发回应答。例如某个服务为物流企业的货物运输提供最佳路线：物流企业向该服务发送一个包含起始地和目的地信息的请求，该服务计算出最佳路线，并以请求方希望的格式（如地图、XML 文档等）返回请求方。

3.3.1.1 定义

Web 服务是可通过 URI（统一资源标识符）定位，其接口能够使用 XML 定义、描述、发现的软件应用程序。Web 服务支持其他软件代理使用通过 Internet 协议交换的基于 XML 的消息与其直接交互。

Web 服务是一个崭新的分布式计算模型。Web 服务是一系列标准的综合，这些标准包括 XML、SOAP、UDDI、WSDL 和 WSFL 等；这些标准中许多还不成熟，还处于发展中。Web 服务利用这些标准提供了一个松散耦合的分布式计算环境；在 Web 服务的模型中，厂商将其服务成一个个相对独立的 Web 服务，每个服务提供某类功能，客户可以通过绑定在HTTP之上的SOAP协议来访问这些服务。

Web服务的目标之一是无缝的、自动的业务集成，非常符合企业的战略利益。因此，Web服务的核心技术不仅得到了IBM、微软、Sun等业界主要公司的支持，google、Amazon等网络界巨头也发布了基于Web服务的API，便于开发商集成。Forrester Research针对企业IT主管的调查显示，85%的主管计划在近期部署Web服务。除了IBM、微软、BEA等业界巨头对Web服务兴趣浓厚外，还出现了专门提供Web服务工具的新公司，如Actional和Reactivity等。这意味着Web服务技术已经在IT界生根发芽。

3.3.1.2 特点

从外部使用者的角度来看，Web服务是一种部署在Web上的软件部件，就技术角度而言，因为Web服务一般建立在J2EE、.NET等平台上，可以认为Web服务是对象/组件技术在Internet上的延伸。它具备以下特点。

1.完好的封装性

Web服务具备良好的封装性，对于服务使用者而言，他能且仅能看到该Web服务暴露的接口。

2.松散耦合

当一个Web服务的实现发生变更的时候，对服务的调用者不会有任何影响。也就是说，只要Web服务的调用接口不变，Web服务的实现的任何变更对服务调用者来说都是透明的，甚至是当Web服务的实现平台从J2EE迁移到了.NET或者是相反的迁移流程，服务的用户都可以对此一无所知。

3.使用协约的规范性

首先，Web服务接口提供的功能使用标准的描述语言来描述(WSDL)；其次，由标准描述语言描述的服务界面应当是能够被发现的，因此这一描述文档需要被存储在私有的或公共的注册库里面。同时，使用标准描述语言描述的使用协约将不仅是服务界面，它将被延伸到Web服务的聚合、跨Web服务的事务、工作流等，而这些又都需要服务质量(QoS)的保障。再者，Web服务松散耦合的特点要求我们对诸如授权认证、数据完整性(比如签名机制)、消息源认证以及事务的不可否认性等运用规范的方法来描述、传输和交换。最后,在所有层次的处理上都应当是可管理的,因此需要对管理协约运用同样的机制。

4.使用标准协议规范

Web 服务所有公共的协议需使用开放的标准协议进行描述、传输和交换。这些标准协议具有完全免费的规范,以便由任意方进行实现。一般而言,绝大多数规范将最终有 W3C 或 OASIS 作为最终版本的发布方和维护方。

5.高度可集成能力

Web 服务是可组合的,可以用简单的服务构建更复杂的服务。由于 Web 服务采取简单的、易理解的标准协议作为服务接口描述和协同描述规范,完全屏蔽了不同软件平台的差异,无论是 CORBA、J2EE 还是.NET 都可以通过这种标准的方式进行互操作,实现了在当前环境下最高的可集成性。

6.Web 服务是比组件更高层的架构(抽象)

Web 服务并不是面向对象方法和基于组件方法建立企业应用的替代品,而是一种比组件技术更高层的抽象。组件技术通常是多个组件一起共同提供企业所需的某项功能,而 Web 服务通常针对企业范围内一个处理流程提供整体的业务解决方案。Web 服务由组件构成,一个(或几个)组件会暴露在服务接口中。

俗话说:每个硬币都有两面。Web 服务一方面具有上面所述的优势,对异构系统间的互操作问题的解决有很大帮助,但也带来了一些问题,最主要的问题包括效率和安全性等。这些问题有些可随着 Web 服务的发展得到解决,有些问题则可能是提高系统互操作性不得不付出的代价。

3.3.2 Web 服务与面向服务的体系结构

SOA(Service Oriented Architecture,面向服务的体系结构)是由组件、服务、业务过程组成的可以满足机构业务需求的体系结构,是一种非常好的建立复杂系统的体系架构的模型。SOA 有助于代码重用,降低成本、风险,还可缩短产品进入市场的时间。

从某种意义上说,SOA 更多是一些指导原则,并不依赖具体的实现技术。尽管 SOA 可以使用其他技术实现(如 CORBA、DCOM、RMI、RPC 可以提供同步通信,而 MOM 则可实现异步通信),SOA 概念的提出和 Web 服务技术的发展紧密相关,二者通常结合使用。SOA 规范系统的体系结构,Web 服务技术则提供一种定义服务,提供通信的机制。而且 Web 服务可以集成基于不同应用、不同软件或分布在不同的硬件平台上、由各种不同的系统提供的服务,大大降低成功实施 SOA 的复杂程度。

在 SOA 中,服务是通过接口定义的,并在运行时被调用。服务并不专门针对特定客户,它可以由众多客户共享。这就意味着服务不保留和它所服务的客户对话的状态信息,它是无状态的。无状态并不意味着服务不能有实例数据和在数据库中保存数据。但是,除了在接口中暴露的数据,这些数据对客户来说是不可见的。进一步说,当服务被调用执行时,它并不知道在此之前执行的请求和后面将执行的请求。这给服务带来了一个非常关键的特性:每个服务所需信息全部通过调用参数来传递。服务的所有相关任务在一次服务被调用时完成,因为服务通常并不保存从一次调用转移到另一次调用的信息。

用 SOA 建立的系统具有很高的扩展性,由于服务的无状态性也很高效。不用保留会话的信息,负载均衡和错误恢复等更易实现。如需提高系统的性能,只用增加新的服务实例的实现(添加更多的服务器)即可。而且,由于每一个服务并不是专门为特定的客户提供服务,大量的客户能共享较少的服务实例(在多线程实现时就是线程)。使用有状态的服务尽管也可以实现上述功能,但复杂性成倍增长,因此通常不这么做。

SOA 的核心概念“重用”和“互操作”已存在了 20 多年。尽管其他分布式技术和标准未能取得成功,SOA 还是有成功的可能。这取决于以下几个因素:

(1)基于松散耦合产生的灵活性。SOA 是第一个考虑了业务发展长期性的 IT 架构,它认为变化是永恒的。从本质上说,SOA 是一组松散耦合的服务,服务的建立和替换成本相对低廉。与传统的紧耦合架构相比,松散耦合架构更能适应业务的变化。在SOA中可以用一个服务替换另一个服务而无须关心其底层的实现技术,唯一要考虑的服务接口是用通用的Web服务和XML标准定义的。灵活性带来的另一个好处是可以充分利用现有的IT资产,即遗留应用和数据库,通过将它们纳入SOA而不是替换它们来使其成为企业整体解决方案的一部分。这种架构最终将使企业的IT架构能够更快速、更有效地适应业务需求的变化,换句话说,就是能够"随需应变"。

(2)业务相关。SOA与其他IT架构的最大区别在于它与业务的关联性,一直以来,IT存在的主要问题是IT人员与业务的脱节,而SOA中的每一项服务都可以完成实际业务流程中的一项任务,例如,可以把一项服务叫做"更新客户订单状态"。如此一来,服务立刻与业务发生了密切的关系,业务人员可以参与服务的创建并且用它们定义新的业务流程,从而实现服务驱动型企业的目标。由于Web服务屏蔽了底层的技术细节,因此业务人员和IT人员都可以专注于业务逻辑的实现,二者的共同语言就是"服务"。这是一种全新的思路并且将对企业IT系统的建设产生深远的影响。

SOA带来的两大优势灵活性和业务关联性是过去的IT系统不曾提供的,为什么CORBA或其他分布式计算技术不具备这些特点?与SOA相比,CORBA更强调技术,它需要一批精通相关技术的开发人员,而这样的技术专家实在不多。SOA则相对简单并基于真正的通用标准——Web服务系列规范,这使得很多人都能掌握其实现技术。

更进一步地来看,CORBA与SOA在架构途径和哲学上都存在一些根本差异。在SOA中,分布式的资产是"粗粒度(coarse grained)"的服务,它们完成一些有用的功能,诸如"更新客户订单状态"等。而在CORBA中,分布式的资产是对象,每一个对象都有自己的属性和方法。例如,Order对象具有Status属性和Update方法,对于架构设计师来说,处理这些对象是非常烦琐的并且需要具备相当的知识和技能。要保持这些"细粒度"对象的一致性是非常困难的。在SOA中,控制和功能可能要弱一些,但是它很容易管理,这种方法的技术性可能不够强,但它却能很好地协调机构和人在IT项目中的作用。

SOA可能成功的一个根本原因是"业务驱动"。仅由IT部门设计开发的IT架构由于缺少重用能力和企业范围内的一致性,很难获得长期的成功。SOA的出现将使我们能看到IT与业务完美结合的成功实例:业务伙伴帮助推动企业IT架构的实现,这并不是因为他们喜欢架构设计,而是因为他们看到了SOA与业务的紧密联系。

总而言之,Web服务提供了实现SOA的一种有效途径。使用SOA,企业就不必将自己局限于一种编程标准,因为SOA对服务的要求仅仅是要其接口符合Web服务和XML标准,也就是说,SOA是独立于编程语言的。

3.3.3 Web服务的进展与研究现状

尽管Web服务技术自产生之日起就得到众多厂商的支持,发展迅猛,甚至一些相互竞争的技术尝试提供相同的功能。但所有以SOAP协议为基础的Web服务实现(如微软的.NET和Sun的J2EE)都支持下列标准技术,它们构成当前基于SOAP协议的Web服务技术的核心。

3.3.3.1 SOAP

SOAP提供一个标准的包装结构,用于在多种标准Internet技术之上传输XML文档;尽管SMTP、HTTP、FTP等协议都得到支持,用的最多的还是HTTP协议。采用标准的传输机制后,异构的客户和服务器成为可互操作的。例如,通过使用SOAP技术,.NET客户能够调用SOAP暴露的EJB,Java客户能够调用SOAP暴露的.NET组件。

3.3.3.2 UDDI

利用UDDI(Universal Description、Discovery and Integration,通用描述、发现和集成)规范,可建立一个全世界范围的注册中心,用于Web服务的发布、发现和集成。UDDI提供一个结构,用来表示业务、业务关系、Web服务、规范元数据和Web服务访问点。用户可通过名字、标识符、分类等进行搜索,发现可用的Web服务。

向UDDI注册表发布服务的流程:①用户首先要准备注册必需的

信息，并使用 UDDI 客户程序把企业有关信息发布到注册表；②把服务描述信息发布到注册表；③用户根据分类法更新 UDDI 注册表中有关服务描述。

UDDI 技术的前景并不令人乐观。除了 IBM 等的 UDDI Registry 外，并没有其他大型公开 Registry 的出现。也有研究者认为“UDDI 没有被认可，并有可能被其他技术取代”。

3.3.3.3 WSDL

WSDL(Web Service Description Language，Web 服务描述语言)是一种以标准方式描述 Web 服务接口的 XML 技术。WSDL 对 Web 服务如何表示外部调用所需的输入输出参数、函数结构、调用特性(只有输入、输入/输出等)以及服务的协议绑定进行标准化。服务提供者通过 WSDL 文件发布 Web 服务，查找已发布的 Web 服务并动态绑定到这些服务。用户可以通过 WSDL 文件，查找 Web 服务的内容、访问方式等，WSDL 允许不同的客户自动理解如何与 Web 服务进行交互。WSDL 文件通常位于 UDDI 注册中心中，以便其他服务、用户查找。

WSDL 文档由五个部分组成：

(1)描述交换数据的类型定义，通常用 XML 模式语言表示。

(2)消息定义。

(3)接口定义，即 portType。每个接口可包含多个有输入、输出、错误信息的操作。

(4)绑定定义，定义如何通过 HTTP Get、HTTP Post 或 SOAP 协议访问某一接口。

(5)由多个 Port 组成的服务定义。每个 Port 都与一个 URL 和一个定义客户端如何访问某一接口的绑定关联。

WSDL 的复杂性让人望而却步。RouteOne 是一家主要业务是利用 Web 服务帮助汽车经销商处理客户贷款事务的新公司。该公司的首席架构师 T.N.Subramniam 现在仍然在为 XML 模式(schema)和定义 Web 服务的 WSDL 界面伤脑筋。Subramaniam 解释说：“XML 句法是对一个文档的定义，WSDL 实际上是两部分之间的整个交易。”他的系统依赖于 Web 服务文档的交换，这也暴露出 WSDL 的局限性，因为要在 WSDL 描述中插入文档模式是非常困难的。

甚至 Norman Welsh(W3C XML 核心委员会、OASIS RELAX Ng 委员会等的成员、Docbook 的作者)也没能战胜 WSDL 的复杂性,在他的 Web 服务试验中放弃了 WSDL 的使用。他同时认为,就 WSDL 的功能来说,应该有简单得多的技术。

3.3.4 REST Web 服务

3.3.4.1 REST 的概念及特点

REST 是 Roy Fielding 在他的博士论文《基于网络软件体系结构的构架风格与设计》中提出的概念,是 REpresentational State Transfer (表示状态传递) 的缩写。REST 是 Fielding 博士对当前 Web 体系结构潜在设计原则的一种描述,也是对 Web 最成功要素的总结。REST Web 服务以其简洁、灵活、可靠得到开发商的喜爱。Amazon 公司发布的用于查询产品信息的 Web 服务同时提供了 SOAP 和 REST 接口, REST 接口的使用率达到 85%。

REST 的目的是决定如何使一个良好设计的 Web 程序向前推进:一个程序通过选择一个带有链接的 Web 页面上的超链接(状态变换),使得另一个 Web 页面(代表程序的下一个状态)返回到用户,使程序进一步运行。在图 3.3 中,客户想从某一电脑配件网站上购买键盘,使用 URL http://www.cparts.com/kbd/q28 发出请求。返回的结果是资源的一个表示(本例中为 html 页面),该表示(kbd - model - q28.html)使客户应用进入一个状态。在该页面中包含其他相关链接,如果客户通过这些链接对其他资源进行访问,返回的新的资源表示使客户端进入新的状态。也就是说,客户应用的状态随着每个资源的表示而变化(传递),这就是表示状态传递名称的由来。

像众所周知的客户/服务器一样,REST 并不是个标准,而是软件体系结构的一种。它是对当前 Web 体系结构设计原则的一种抽象和描述,是对互联网构架风格的总结。从这个意义上讲,互联网是 REST 应用的一个实例。REST 描述了如何设计、开发分布式系统;对其应用则是在深入理解的基础上,把 REST 的原则应用在 Web 应用、服务的

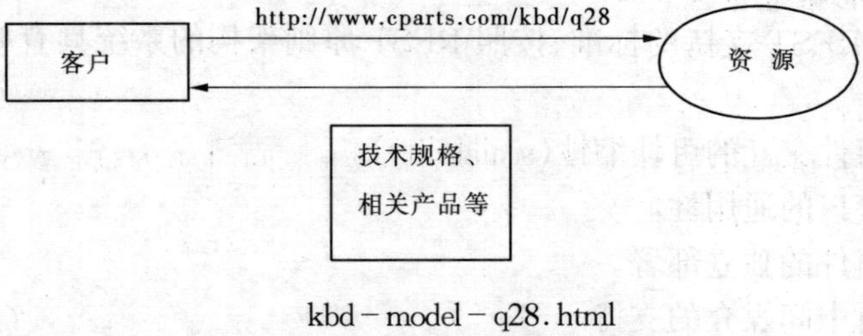

图 3.3 REST 状态传递示例

设计、实现中。

尽管 REST 是关于网络软件的构架风格，不算标准，但也建立在一系列标准之上，包括 HTTP、URI（用于资源定位）、XML、HTML、GIF、PNG、MIME 类型（用于资源表示）等。基于 REST 的系统应建立在下面的几个核心原则上：

(1)资源的确定。一切能被命名的东西都是资源，每个资源都有一个 URI。资源可以是对象、服务或实体组合，如一个文档、一张图片、互联网上的一段文章、一本书，如 http://example. com/index. html、ISBN://5023 - 2222 - 1124 等。

(2)通过表示对资源进行操作。资源的表示反映资源的当前/希望状态；资源表示在软件组件间传递。

(3)自描述的消息。包括资源标识符、资源表示的数据格式、控制数据。

(4)超媒体作为应用状态的引擎。无状态的服务器、独立的消息；客户维护状态（资源表示）并游历链接。

(5)实现规模可变性、通用性、可进化性、可扩展性。

REST 软件代理间的交互应该是无状态的。也就是说，客户代理向服务器发出的每个请求都包括处理请求所需的所有信息，与此次请求前的请求没有关系。这个限制具有以下几个方面的作用：

(1)服务器端不用在不同请求间维护应用程序的状态。

(2)软件代理间的交互可并行处理。

(3)由于仲裁方（arbitrator）可以独立地观察、理解请求，这使动态地重新安排服务成为可能。

使用 REST 支持的标准、按照 REST 原则架构的系统具有如下特点：

(1)组件交互的可伸缩性(scalability)。

(2)接口的通用性。

(3)组件的独立部署。

(4)对中间媒介的支持。

3.3.4.2 REST 与 SOAP Web 服务

如上所述，REST 是网络软件的构架风格，而 SOAP 是个具体的实现(协议)，两者并不是完全对立的。但基于 SOAP 的 Web 服务广为人知，SOAP、WSDL、UDDI 等规范几乎成为 Web 服务的代名词。而构建符合 REST 原则的 Web 服务与 SOAP Web 服务有很大不同，有必要把二者区别开来进行研究。

首先，REST Web 服务与 SOAP 使用的寻址模型、接口、对中间媒介和安全性的支持不同。其次，两者交互机制的差异导致 REST 和 SOAP 在对互操作的支持、与 Web 体系结构的关系等方面的区别(见表 3.2)。

表 3.2 REST 与 SOAP 对比

项目	REST	SOAP
寻址模型	标准化的 URI、DNS；URI 与资源(包括服务)一一对应	URI 只用来定位 SOAP 端点(endpoint)；资源与 URI 不是一一对应；一个端点对应多个资源
接口	提供通用操作，即 HTTP 的 GET、PUT、POST 和 DELETE	不提供通用操作，每个服务定义自己的方法(操作)
中间媒介	兼容传统的 Web 中间媒介，包括代理、缓存服务器、网关等	不兼容传统的 Web 中间媒介
安全性	简单有效；可用现有防火墙控制	十分复杂；不能使用现有防火墙控制

1. 耦合度

松散耦合是 Web 服务声称的一个特点。尽管新的 SOAP 规范中也支持基于消息传递的交互机制,绝大部分 SOAP 实现仍是基于 RPC 调用方式,RPC 方式是紧密耦合的表现;而紧密耦合的系统是无法适应 Web 级的规模可伸缩性的。REST Web 服务则继承了 Web 松散耦合的特点,客户应用通过逻辑 URL 访问服务,服务的实现对客户来说是完全透明的,客户程序可以对服务的实现技术、方法毫无所知。

2. 对互操作的支持

标准化是互操作的关键。互联网上无数资源间之所以可以互操作,原因在于"WWW"建立在下列标准之上,这些标准也是 REST 的核心组成部分:

(1)URI,用于资源的定位与命名。

(2)操作资源的通用接口,即 HTTP 协议的 GET、POST、DELETE 和 PUT。

(3)资源表示,HTML、XML、GIF、PNG、JPEG 等。

(4)媒体类型,MIME 类型(如 text/plain、text/html、image/gif 等)。

基于 SOAP 的 Web 服务则依赖于定制。每个 SOAP 消息使用独特的命名资源的方法,或使用 UUID,或使用 URN;每个 SOAP 应用需要定义自己的接口。SOAP 的这些特点对于服务间的互操作的实现十分不利。

3. 与 Web 体系结构及 Semantic Web 的关系

Web 的体系结构建立在三个概念的基础上,而且这些概念都与资源有关:资源的确定、与资源的交互、资源的表示。这些概念分别与 Web 标准协议相关:URI 是定位资源的方法,HTTP 协议用于软件代理与资源间的交互,HTML、XML、PNG、JPG、RDF 等用于资源的表示。

REST 是对 Web 最成功要素的总结,它建立在一系列标准 Web 协议之上,跟 Web 的关系密不可分。互联网的创始人 Tim Berners-Lee 提出的"WWW 的远景——语义网络"(Semantic Web),也建立在 HTTP、URI、XML、RDF 等核心协议之上,这些技术都是这一远景的重要组成部分。基于 SOAP、WSDL、UDDI 等技术的 Web 服务(Web services)并没有根据 Web 体系结构使用基础的 Web 协议。如 HTTP——一个 Web 应用层协议,在 Web Services 技术中被用做可选的传输机制,把 HTTP 本身作为应用协议的特点置之不理,每个 SOAP 应用都需要定义独特的接口。URI 是 URL(统一资源定位符)和 URN(统一资源名称)的超集,并能由两者分别或共同表示;URL 是最常用的 URI 之一。URI 是 Web 上资源定位的首要方式,Tim Berners - Lee 甚至认为 URI 是 Web 体系结构的公理,并认为:①不管任何地方的任何资源都可得到一个 URI;②任何重要的资源都应该分配一个 URI。REST 的观点与此相吻合:每个资源都应有一个逻辑 URI。而在 SOAP 服务中,URI 的角色被定制的寻址方式(如 UUID、URN 等)替代;URI 只是用来定位 SOAP 服务器,与资源不是一一对应的关系,所有对资源的访问都通过一个 URI 指向的 SOAP 服务器进行;这种做法与语义 Web 的远景也是不相适应的。因此,有学者对此颇有批评,认为 SOAP Web 服务不依赖 Web 协议,并不是真正意义上的 Web 服务。

经过 REST 团体的努力,SOAP 的支持者也开始认识 REST 的重要性,当前版本(1.2)的 SOAP 规范对 REST 提供了部分支持。也就是说,可以使用 REST 的部分原则来构架基于 SOAP 技术的 Web 服务。IBM 公司的 Sam Ruby 等认为 REST 和 SOAP 的结合产生强大的解决方案,但并没有提出令人信服的证据。和 REST 相比,SOAP Web 服务的唯一优势是得到许多业界厂商的支持。从技术上来说,REST 可以实现 SOAP 能实现的所有功能,而且更为简单。

Fielding 博士在 REST - discuss 中的一篇讨论中指出为什么常见 getStockQuote 服务是 evil 的,因为仅靠 URL 不能定位资源。因此,资源断开了与 Web 的连接,对于 Web 的继续发展不利。在 Web 上不能使用 URI 定位的资源很难称为 Web 服务。

开发人员对 REST Web 服务好像更有兴趣,SOAP 则不太受欢迎。creativecommons 提供的软件许可证 Web 服务原计划同时提供 REST 和 SOAP 接口,经过一段时间测试,发现开发人员对 REST 接口更有兴趣,就干脆放弃了对 SOAP 接口的支持。Flickr 是个很受欢迎的社交网络(social networking)软件,可以为数字照片添加标注,然后上传到聊天室中,是当前互联网上最热门的软件之一,现有27万用户,用户数还在以每月30%的速度增长。仅在2005年1月,该软件就得到多家知名媒体的报道,包括Wired、华尔街日报、福布斯、华盛顿邮报等。在Oreillynet对该公司总裁Stewart Butterfield访谈中,Butterfield指出除了有一个用户咨询过Flickr的SOAP接口(他不知道到底有没有编成软件),所有其他用户都是使用Flickr的REST接口编写的定制软件。

为什么许多大公司对此毫无反应?是没意识到这问题的存在,还是其他因素?Redmonk分析公司的James Governor认为是利益驱动使然(vested interest)。他指出当你把整个公司的前途都"赌"在一个技术堆栈上,对其他技术难以做出反应。

3.3.5 Web服务与其他分布计算技术的对比

和其他分布计算技术相比,Web服务并不是全新的技术,Web服务借鉴了RPC、CORBA、DCOM、MOM等许多技术在使用和开发过程中的经验和教训,并在此基础上进一步发展,将这些技术扩展到互联网环境中。也就是说,Web服务尽可能地利用此前分布计算技术的优势,避免可能的失误,因此具有上述许多优点。加上厂商的大力宣传,Web服务得到不少企业的支持。

1. Web服务不是一个开发和运行平台

Web服务和其他分布计算技术如CORBA、J2EE、.NET间最重要的区别是:Web服务并不是一个开发和运行平台,至少目前还不是。Web服务并不具备后者的许多特性,包括事务和线程管理、标准化的编程模型等,这些特征都是开发企业级应用不可缺少的。而Web服务并不提供任何执行能力,也没有编程模型。

Web服务是一个集成、封装和用一种标准化的、独立于平台方式的暴露现有功能的技术手段,Web服务本质上并非全新的技术,而是许诺把一些大家熟知的东西重新组合在一起,以获得人们长久以来极其渴望的效果:把IT基础设施与业务流程更紧密地联系在一起。XML语法是催化剂,Web服务的神秘之处本质上并不是XML,而在于它把 XML 文档(即消息的有效载荷或数据库记录)汇合成了共享的业务交易表示形式。因此,Web 服务主要是个集成技术,不管用户的基础平台是.NET、J2EE、CORBA,还是遗留应用,Web 服务技术的使用可以实现这些应用间的互操作。例如,Web 服务为一个应用提供一个基于服务的接口、组件和业务逻辑实现,并通过这些来完成所要完成的功能。任何客户,不管其平台如何,都可以调用 Web 服务,而不用关心它是如何具体实现的。

一些出版物没有认识到这一点,称 Web 服务具有现在大多数分布式技术的特点。一些媒体走得更远,甚至认为在未来的几年中,基于 SOAP 的通信将会取代 RMI、CORBA 等。早些年 CORBA 技术出现时就曾有人这样尝试过,当时把用 C++ 开发的、要暴露给网络的对象封装为 CORBA 对象,但结果显示系统非常糟糕,证明这个思路是不可行的。

2. 性能

Web 服务大量使用文本格式的 XML 消息,文本书档也比二进制数据庞大得多,XML 文档的生成、解析也比较耗费资源;使用 HTTP 这样的无连接的协议进行通信也会导致一定的性能损失。和 EJB、CORBA 等分布式对象技术相比,因为使用的是专门优化的通信协议、二进制的消息格式,无论是通信还是消息生成、处理快捷,都具有更高的效率。

Web 服务的效率问题会随着计算机系统性能的提高、网络带宽的增加有所好转,BXML(二进制格式 XML)等的提出会从根本上解决性能问题。现在一种常见的做法是在传输前把 XML 消息压缩成常见的、压缩比很高的 zip 或 gzip 格式(压缩率比一般的二进制文档高),接收方在解析消息、对消息进行处理前先解压缩。这种做法可以减少 Web 服务间的通信流量,从而改善系统性能。只在必要的场合使用 Web 服务、避免其滥用也有助于系统整体效率的提高。

3. 安全性

Web 服务传输文本格式的 XML 文档,而非二进制数据。如果 Web 服务节点间传输的 XML 消息被非法截取,其内容很容易被解读出来。

幸运的是,普通的 SSL 协议就能处理点对点的加密,与 SAML(Security Assertion Markup Language)同期发布的 WS-Security 标准草案提供了可行的方法来保证大多数 Web 服务文档的安全。当安全性要求超出了这两个基本标准的能力之外时,产品供应商就必须提供自己的安全机制或实现一些还没有成为标准的协议草案,诸如 WS-SecurityPolicy 等机构之间的共享安全性指南。新兴的 Reactivity 和 DataPower 公司已经在销售 XML 防火墙,该器件可以监控 SOAP 包以防范 XML 特洛伊木马、DoS(拒绝服务)等各类攻击。

4. Web 服务的适用领域

Web 服务基于 XML 消息传递、松散耦合等特点决定了 Web 服务并不适合所有领域。比如说,因为 Web 服务的效率问题,Web 服务主要用于粗粒度业务功能的包装;没人会从系统底层开始完全使用 Web 服务构建一个应用,系统的底层应使用 J2EE 或.NET 构建,确保系统的整体性能。例如,RouteOne 利用 Web 服务实现与合作伙伴之间的通信,但在企业内部却采用纯 Java 架构。该公司的首席架构师 Subramaniam 说,"我们有很好的 SOA,但没有必要在任何时候都采用基于 Web 服务的 SOA,在公司内部,我们采用 JRMP(Java Remote Method Protocol)、Java 连接器等技术,因为对内部通信来说,这类方法比利用 Web 服务更有效"。

如果需要异构平台间的互操作性,也就是说,开发的(部分)应用程序可能会提供给不同平台上的应用程序使用,Web 服务会是一个理想的解决方案。微软公司 Web 服务市场总监 Steven VanRoekel 也指出很多 Web 服务的部署都是围绕遗留系统进行的,用于这些系统的整合。

在有些场合,分布式对象技术如 EJB 比 Web 服务更为灵活,例如 Web 服务并不支持回调,也不支持对象引用的传递。如果应用需要这方面的灵活性,可以容忍系统紧密耦合,就应该采用其他分布计算技术。

第 4 章　基于 REST 的 GIS Web 服务技术模型

基于 Web 向用户提供地理空间数据、功能处理服务是地理信息业界应用的热点，也是学术界研究的焦点。第 3 章探讨了 REST Web 服务技术的优势，指出 REST Web 服务具有良好的可伸缩性、松散耦合等特点，与地理空间数据、服务的结合将大大提高空间信息服务的互操作性。如何把 REST Web 服务技术与 GIS 结合起来，实现互操作的、分布式的 GIS Web 服务，这是本章要研究的问题。

4.1　GIS Web 服务的概念

地理空间服务的说法由来已久，从 GI Services（地理信息服务，包括地学数据服务和地学功能服务）到 GIS Web Services，提法不同，内涵也不完全一样。GIS Web 服务，也叫地理空间 Web 服务，这一概念迄今为止还没有正式的定义，一般理解为 Web 服务相关技术在 GIS 领域的应用。本书研究的基于 REST 的 GIS Web 服务，是基于现有的标准 Web 协议，即以互联网协会发布的 HTTP、URI、XML、RDF 等规范为基础、符合 REST 原则（即 Web 体系结构）的、互操作的地理空间网络服务。

为了与基于 SOAP 等技术的 Web 服务概念区分，本书提出基于 REST 的 GIS Web 服务（简称 GWS）这一概念，即：基于 REST 的 GIS Web 服务（简称 GWS）是使用 REST Web 服务技术实现、符合面向服务构架（SOA）、以 Web 为中心、基于开放标准/协议构建的地理空间服务体系结构。GWS 最主要的特点是松散耦合和互操作性，进行 GWS 研究的主要目的是：不管运行在何种平台上、不管用哪种语言编写，按照相关协议实现的 GWS 服务都可以自动发现、调用；GWS 服务之间可以相互调用、实现互操作。GWS 关心的是地理空间数据、功能服务的实现、发布、消费(调用),主要考虑系统/服务间的接口级的问题,研究重点不包括 GIS 算法、GIS 内部地理数据模型等。对于本研究来说,这些都属于底层的实现细节。GWS 尽可能利用现有的开放标准(包括 Web 标准和地理空间标准)、协议、技术,在现有 GIS 系统、软件组件的上进行构建。

4.2 面向服务的 GWS 体系结构

基于 REST 的 GIS Web 服务建立在 Web 服务技术的基础上,使用的是 Web 服务技术常用的 SOA 体系结构(Service Oriented Architecture, 面向服务的体系结构)。从图 4.1 可以看出,GIS Web 服务环境主要有 GWS 服务提供者、GWS 服务请求者(客户)和 GWS 服务注册表/目录三种角色组成。服务请求者是请求执行 GWS 服务的软件代理,服务提供者是提供 GWS 服务的软件代理。GWS 服务提供者需要通过服务注册表或其他方式发布 GWS 服务描述,服务请求者则需要发现、定位 GWS 描述,然后开始对 GWS 服务的请求。GWS 软件代理可以是服务提供者、服务请求者,或同时是两者。也就是说,GWS 框架中三个主要角色间的交互主要包括以下操作:GWS 服务的查找/定位、服务的绑定/调用、服务的发布。

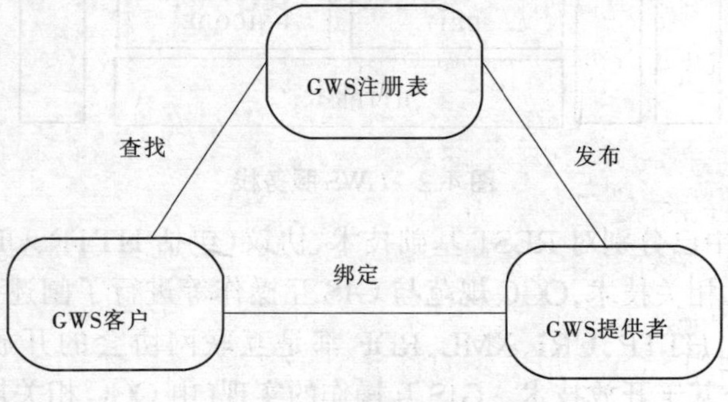

图 4.1 GWS 总体框架示意图

GWS 服务三大角色间的交互离不开标准规范的支持。基于 SOAP 的 Web 服务分别使用 SOAP、WSDL 和 UDDI 作为服务绑定、服务描述、服务发布和查找的标准协议，前文中已对 SOAP Web 服务技术的缺陷进行了探讨，指出 SOAP 协议不必要的复杂性、WSDL 和 UDDI 并不适合 GIS Web 服务领域等；尽管如此，为满足面向服务的体系结构的要求，基于 REST Web 服务的 GWS 同样要解决这些问题，即 GWS 服务的描述、调用及服务的发现、定位等。

GWS 是基于 REST Web 服务技术构建的面向服务的体系结构，因此应用之间相互相对独立，而不相互依赖。新的 GWS 服务可以在不影响其他服务的情况加入、修改、替换，系统灵活性很强，也具有较高的互操作性。

为确保其开放性、互操作性、安全性、可伸缩性等需求，GWS 体系结构建立在一系列 W3C 和 OGC 的标准、协议的基础之上，如图 4.2 所示。从图中可以看出，这些支撑 GWS 服务的标准、协议等就像堆在一起的积木，因此把这种结构称为 GWS 服务栈(Service Stack)。

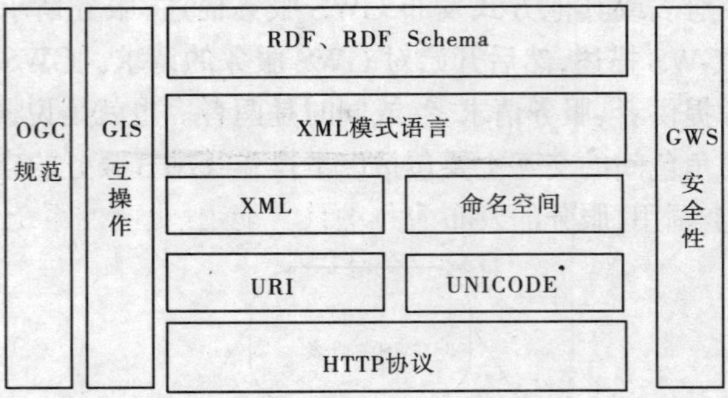

图 4.2 GWS 服务栈

前文中已分别对 REST 基础技术、协议(包括 HTTP、URI、MIME 等)、XML 相关技术，OGC 规范与 GIS 互操作等进行了阐述；从图 4.2 可以看出，HTTP、URI、XML、RDF 都是互联网协会的开放标准，即 GWS 完全基于开放技术。GIS 互操作的实现(由 OGC 相关规范支持)贯穿服务栈的各个层次，对 GWS 安全性的考虑也是如此。因此，上面的 GWS 服务栈可以说是满足 GWS 设计需求的基石。

4.3 GWS 技术模型

随着软件技术的迅速发展,多层架构开始成为大型应用的主流。软件的分层结构具有良好的透明度和封装、高内聚、低耦合、易于扩展、维护和重用等优点,可简化应用系统的开发、更新和升级工作。GWS 技术模型是个典型的多层架构(见图 4.3),主要包括数据访问层、应用逻辑层、服务层和客户层等几个关键部分。

需要指出的是,尽管并未明确地把系统平台作为 GWS 技术模型的一层,但它的重要性不容忽视。系统平台是 GWS 设计、开发、运行的基础,主要包括操作系统、分布式计算平台、编程语言等。它是 GWS 技术模型中除客户端外其他各层的支撑环境(客户端通常位于与 GWS 服务器不同的计算机上),为 GWS 各层的实现提供支持和技术上的保障。比如,GWS 系统平台可以是 Linux 操作系统、基于 J2EE 技术的 IBM 公司的 WebSphere 服务器以及 Java 语言等。

另外,图 4.3 主要是 GWS 的逻辑模型,两个虚线框表示一种常见的物理部署方式,即客户端位于独立的计算设备上,Web 服务器和应用服务器位于同一个物理节点,空间服务器、数据访问层、空间数据库等位于另一个节点。如果需要更强的计算能力、更高的系统性能,可以把上述部件分配到不同的物理节点上。

4.3.1 GWS 数据访问层

GWS 数据访问层,也称资源层,对各种数据库的访问进行抽象,包括常规的关系型数据库和存储地理数据的空间数据库。

空间数据库用于海量地理空间数据的存储、查询、更新等,空间数据库现已是较成熟的技术,许多厂商已提供功能强大的空间数据库产品,如 Oracle 等。

数据访问层把对空间数据库的操作进行抽象,即使更换数据库,该层提供给系统其他部分的接口无须变化。ESRI 公司的 SDE 属于此类技术。

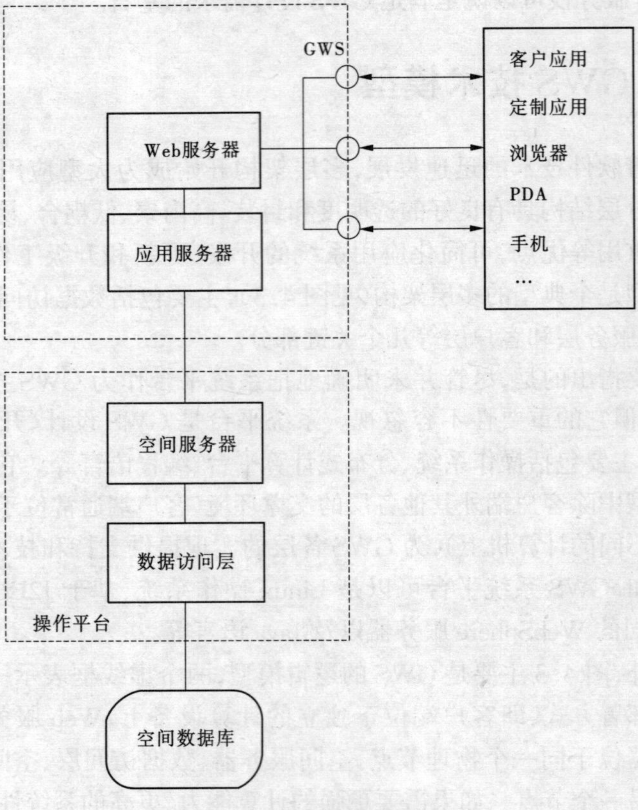

图 4.3　GWS 的逻辑模型

4.3.2　应用逻辑层

空间服务器是整个系统的核心,提供各种数据处理、空间分析功能。根据使用的操作平台,或使用专门的空间服务器(如 ESRI 的 ArcGIS Server),或者在 GIS 组件(如 MapX、MapObjects)等基础上进行开发,对这些组件的已有功能进行包装,供系统其他部分使用。

4.3.3　GWS 服务层

GWS 服务层包括应用服务器和 Web 服务器两部分,负责实现与客户应用的交互,是实现互操作的 GWS 的关键。尽管不少应用服务器包含了 Web 服务器的功能(如 Apache 基金会的 Tomcat ——最普及的 Java 应用服务器,基于 Python 语言的 Webware 等),考虑到 GWS 的可伸缩性与 Web 服务器性能的密切关系,还是有必要把 Web 服务器单独列出。

尽管图中未予标出,HTTP 消息却是 GWS 通信的关键。HTTP 消息是 GWS 客户与服务器间通信的基本单位。HTTP 请求消息由 HTTP 请求标头(header)和可选的主体两部分组成。典型的 HTTP 标头包括客户端使用的用户代理、可接受的响应的编码格式,还可以包括用户对请求资源访问权限的证书。GWS 服务器可根据客户端发出的请求消息与客户端进行内容协商,尽可能向客户端返回希望的格式;也就是说,即使是对同一 URL 的请求,也可根据客户端请求的不同返回同一资源的不同格式:如给浏览器返回 HTML 文件、定制应用返回 XML 文件,对于 PDA、手机等移动设备,则返回 WML 等。

GWS 服务器内置的内容协商模块(一般由 Web 服务器提供),是支持不同种类客户应用的关键。客户端的请求通过 Web 服务器传送到该模块,它再根据请求的不同把请求转发到能够处理该请求的组件。它就像个特殊的多功能电源接线板,形状不同的电源插头,插入接线板的不同插口,接线板负责特定的插头连接到特定的线路。GWS 内部组件对请求进行处理后,结果由 Web 服务器传回客户。

4.3.4 GWS 客户端

曾几何时,对企业级软件的期望只是对企业内部信息的管理并在较为统一的显示设备上支持最终用户。随着网络应用的普及、多种计算设施的出现,为了满足最广泛的用户的需求,大型软件必须考虑对多种计算设施的支持。

在 GWS 的技术模型中,客户端同时支持各种计算设施。没有了客户端,所有的 GWS 模块根本无法发挥作用。客户应用是用户使用 GWS、访问 GWS 功能的软件代理,主要分为三类:桌面 GIS(包括商业产品和定制应用)、通用的浏览器(IE、Mozilla)和移动设备(如 PDA、手机等)。用户可根据具体应用的需要定制客户端:桌面 GIS 可使用专用扩展技术(如 ArcGIS 的 AML、COM 接口,Mapinfo 的 MapBasic),浏览器使用 Javascript、PDA、手机等移动计算设施则使用专有技术对 GWS 客户端进行扩展。

4.4 GWS 的功能模块

对于 GIS Web 服务的功能划分有一些不同的观点。如张宏等认为基于服务的 GIS 体系结构包括数据服务、本地数据服务、功能服务、事务服务和元数据服务等 5 个部分。李琦等把分布式地理信息服务分为用于空间数据生产和管理的特定地理领域服务和可为其他信息领域使用的共享服务,而后者包括空间查询服务、空间分析服务、空间制图服务和空间数据管理服务。ISO 和 OGC 则使用了不同的分类体系,该分类体系更为全面、系统,也更具权威性。

ISO/OGC 的功能视图包含了几乎所有可能的地理空间服务,确实十分全面,但对于一般的应用显得过于复杂。因此,对 OGC 的功能视图进行简化后,GWS 的功能模块主要分为空间数据服务、地理功能服务、管理服务等。空间数据服务提供地图及空间数据的查询、显示、下载,包括 OGC 的 Web 地图服务和 Web 要素服务。地理功能服务支持常见的空间分析和其他地理操作,包括 OGC 的坐标转换服务、地理编码服务等。GWS 管理服务则负责 GWS 服务的添加、删除、访问权限的设置,GWS 服务索引的生成、更新等。

4.5 GWS 的实现机制

为了支持服务链(service chaining),OGC 在其服务框架中提出了以消息传递和无状态服务为基础的简单服务构架的概念,GWS 与客户端以及 GWS 服务间的交互借鉴了简单服务构架的思路,在技术上有如下特点:

(1)基于消息传递:GWS 服务间、服务与客户间通过消息传递进行交互。消息分为请求和响应两种。和 OGC 服务强调的参数作为消息的有效载荷(payload)不同,GWS 消息则使用 HTTP GET 和 POST,传递根据服务模式(schema)生成的内容。GWS 服务的模式通过服务发现阶段与服务的元数据交互而获得。

(2)无状态服务:无状态服务是 REST 的特点之一,GWS 继承了这一特点。也就是说,GWS 服务的调用应尽可能不依赖过去的服务交互;比如,客户端发送一个请求消息,得到一个响应消息,GWS 服务即可完成。

(3)已知/未知服务类型的处理:OGC 的简单服务构架要求服务类型是已知的,客户端必须实现对已知服务类型的支持。在 GWS 服务中,除了考虑对已知服务类型的支持,如 OGC 的 Web 地图服务、Web 要素服务等,对这些服务只要按照 OGC 的有关实现规范进行处理即可。对于未知的 GWS 服务,通过服务发现、服务元数据获取、根据服务模式产生请求、得到服务响应的方式,只需要极少的人工干预,即可实现 GWS 服务的使用。目前 OGC 发布的实现规范数量仍比较有限,对未知服务的支持具有很高的实用价值。

GWS 是个面向服务的架构,其实现机制需解决几个方面的问题,包括 GWS 服务的定位与发现,GWS 服务的调用/交互等;而对 GWS 服务的描述则是定位与发现的前提,服务间的交互则建立在 REST 之上。下面分别对这几个方面进行考察。

4.5.1 GWS 服务的发布与定位

4.5.1.1 GWS 服务的发布

UDDI 是基于 SOAP Web 服务发布、定位的首要技术。在第 3 章中对 Web 服务的相关研究中已指出 UDDI 表示地理空间服务的局限,其发展前景也并不乐观。GWS 服务发布可以使用的另一项技术是 OGC 的目录服务,但该规范主要为 OGC 的相关 Web 服务(OWS)提供支持,在 GWS 服务发布、定位机制中可扮演备选技术的角色。

由于 GWS 服务采用的是 REST 体系结构,典型的资源发现过程是通过遍历 URL 完成的。也就是说,GWS 将使用服务索引的机制实现服务的发布，有新的 GWS 服务发布，相关 GWS 服务索引将被自动更新，供客户软件代理访问。

4.5.1.2 GWS 服务的定位

Web 服务的定位与发现是使用 GWS 服务的前提，除手工发现方式外，常见的发现机制还包括服务索引、服务注册中心、P2P 等。服务的定位机制与发布机制密切相关，上面对 GWS 发布方式的讨论同样适用 GWS 服务的定位。

GWS 服务实例的地址是 URI，客户端通过对 URI 直接对 GWS 服务进行访问。也就是说，只要通过某种方式找到 GWS 服务的 URI，即可定位该服务。根据上述讨论，GWS 的定位除了可使用 OGC 的 Catalog 服务外（主要支持 OGC 的有关 Web 服务），GWS 使用服务索引机制更符合构建 REST 应用的一般做法（见图 4.4）。

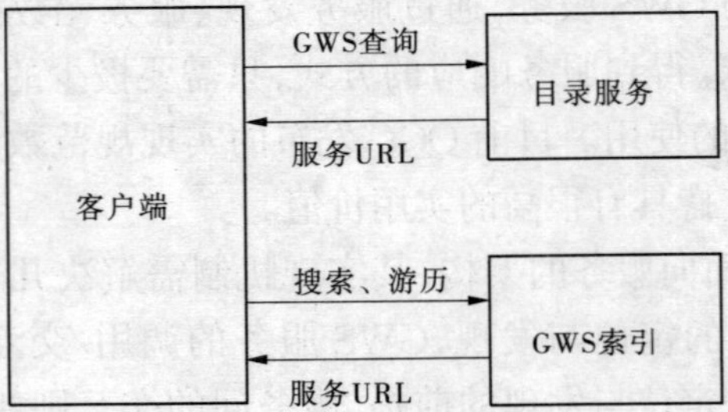

图 4.4　GWS 服务定位示意

通过搜索、游历服务索引的 GWS 服务定位方式的实现原理在下一章中详述。

4.5.2 GWS 的调用与交互

客户软件代理通过上述服务定位机制进行查询、搜索，定位 GWS 服务的地址（即指向具体 GWS 的超链接），然后可以开始与 GWS 服务实例的交互过程。

GWS 软件代理间的交互以 REST 交互模型为基础（见图 4.5），主要分为 GWS 服务的发现和调用两大步。因为上述定位机制只是找到了 GWS 服务实例的地址(URL),该服务是什么类型的服务,接受的请求消息、返回的响应消息是什么格式,都要通过 GWS 的服务发现机制进行确定。

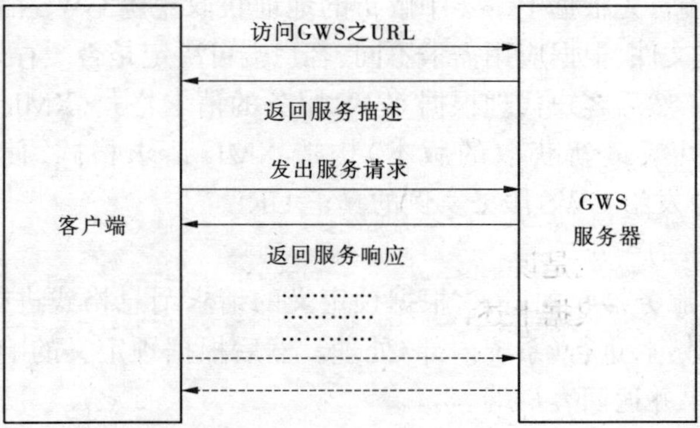

图 4.5　GWS 交互简图

简单地说,GWS 客户与服务端的交互由以下步骤组成:访问 GWS URL→解析服务描述→构造消息(客户端根据规定的消息格式构造消息)→发送消息到服务器端→GWS 服务器根据约定的消息格式解析消息,从中分离出数据→进行处理(系统内部)→以预定义的格式产生结果→返回客户端。下面是对这些步骤的更为详细的描述。

1.GWS 服务的发现

1)获取 GWS 服务元数据

客户端软件代理根据 GWS 的定位机制定位服务的地址(URL)后,使用 HTTP 的 GET 命令对该 URL 进行访问。GWS 服务器根据收到的请求,向客户端返回用 RDF/XML 格式表示的 GWS 服务实例描述(服务实例元数据);如果客户端处理能力有限,在送出的请求中指明需要其他格式的描述,服务器端则返回相应格式的描述。

2)解析 GWS 服务元数据

客户代理对收到的 RDF/XML 格式的 GWS 服务描述(服务元数据)进行解析,从中得到访问服务的真正地址(URL)、指向规定请求消息格式的 XML 模式文件的链接和规定返回格式 XML 模式文件的链接。

2. 调用 GWS 服务

1)构造请求消息

客户端首先根据上一步中解析的地址获取规定 GWS 消息格式的 XML 模式文件,根据应用需求不同,客户端可决定是否缓存这些 XML 模式文件。然后客户代理根据 GWS 服务的请求格式(XML 模式文件的缓存拷贝或最新获取的版本)构造 XML 请求格式,使用 HTTP POST 命令发给 GWS 服务实例的真正 URL。

2)请求的响应

GWS 服务器收到请求,根据预定义的请求消息格式进行解析,从中分离出数据,进行(系统内部)处理。然后根据预定义的响应消息格式产生结果并返回客户端。

GWS 软件代理间的交互如上所述,如果一轮请求/响应不能满足客户端调用 GWS 服务的需求,可重复进行上述步骤,直至服务完成。

从上面对 GWS 交互的讨论可以看出,GWS 间的交互以消息传递为基础,确保服务各方对 GWS 间传送的各种消息使用的一致的消息格式就变得十分重要。也就是说,发送方和接收方对 GWS 消息的编码、解析方式必须完全相同,否则各种 GWS 软件组件间根本无法协调工作。这就意味必须以某种方式规定 GWS 服务使用的消息格式,在第 5 章中将对消息格式的问题进行进一步研究。

4.6 GWS 的特点

4.6.1 GWS 的服务特点

简单地说,基于 REST 构建的 GIS Web 服务具有下列特点:

(1)可从机构内部网络或 Internet 上访问。

(2)使用标准的 XML 消息接发系统。

(3)具有平台、语言独立性,GWS 的实现独立于操作系统、编程语言、分布式计算平台。

(4)自描述的服务。使用RDF/XML语言描述。

(5)服务可发现性。简明的服务定位、发现机制。

4.6.2 GWS的非功能性特点

GWS还具有下列非功能性特点：

(1)可靠性。互联网上已有无数的基于HTTP协议和XML消息传输的成功应用,基于简单的协议易于构建可靠的应用。使用的协议越复杂,出错的几率越大;开发、维护成本越高。

(2)可伸缩性(Scalability)。基于REST构架的GIS Web服务具有一般Web服务无法比拟的可伸缩性。GWS继承了Web的优点,可充分利用当前Web基础设施。比如,由于Web代理的存在,多个客户与GWS服务交互,不会导致网络负载的明显增加。HTTP协议的无状态性也是确保GWS服务可伸缩性的有力保证。

(3)互操作性。互操作性是GWS需要解决的主要问题之一。前文中对GIS互操作的研究指出基于接口的互操作是实现GIS互操作的发展方向,而基于REST原则构建的GWS强调服务的接口、服务间的通信协议、独立于服务内部实现,具有松散耦合的特点,因此服务器端、客户端都可以动态替换,有助于GIS互操作的实现。

(4)粗粒度的服务。出于对GWS性能的考虑,提供的服务尽可能是粗粒度的。也就是说,提供的服务应是数个基本服务的组合,一方面可以避免进行多次请求、响应操作的成本;另一方面,有些用户代理的计算能力有限,粗粒度的服务也可以减轻对用户终端计算能力的压力。如用户从移动设备上发出“查找离当前位置最近的宾馆”的请求,GWS服务器为了满足这个请求,可能需要使用地理编码查询、宾馆数据库查询、选定操作、最短路径查询等。把“查找离当前位置最近的宾馆”作为一个GWS服务给出,用户只用发出一次请求,即可获得需要的信息。至于满足这个服务需要的几个基本地理操作,对用户是透明的,在GWS服务器内部完成。

当然,必要时GWS服务也可以是细粒度的。以上面的“宾馆查找服务”为例,如果GWS服务的用户对地理处理功能有特殊的需求,必须使用基本的地理服务，这时只好使用细粒度的 GWS 服务。但要了解这种做法对 GWS 的性能的影响。

4.6.3 与 Web GIS 的不同

由于 GWS 基于对互联网成功原则进行抽象的 REST 构架，又建立在 Web 体系结构、标准 Web 协议、技术的基础上，上文中提出的 GWS 技术模型(见图 4.3)与 Web GIS 结构看起来有些相似，但与 Web GIS 有着根本不同：

(1)Web GIS 一般作为独立的 Web 应用程序设计、开发、使用；而本书提出的 GWS 的核心是与其他系统间的交互，即 GWS 技术模型中的服务层，并从面向服务的角度设计、开发、使用，不同服务间没有人为的界限；可以最大程度地实现地理数据共享、地理功能的互操作。

(2)大部分的 Web GIS 只能根据客户的请求提供有限的地图服务，不便于用户进一步分析、处理。

(3)一些厂商的 Web GIS 除了地图服务之外，也支持数据服务、地理分析功能，但这些产品都是使用厂家的专有技术实现，或使用浏览器插件，或使用 Java 小程序。不同产品间无法实现互操作，用户的已有投资无法得到保护；随着用户在某家厂商产品上的投资加大，越来越难以更换厂商，即使市面上有更适合用户需要的产品(也就是所谓的厂商锁定——Vendor Lockin)。而本书研究的 GWS 则使用开放的标准和技术(HTTP、URI、XML、RDF)实现，基于不同技术实现的 GWS 可相互替换。

(4)GWS 是地理信息互操作的一种延伸。Web GIS 多为静态图像；GWS 则实现功能和数据的真正分布。另外，GWS 可以更好地集成使用不同语言、平台的 GIS。

(5)和完全基于其他分布式计算平台的技术相比，基于 Web 的 REST GIS Web 服务具有最广泛的适用性，不仅可用于企业内部、企业之间，更重要的是可以使一般的互联网用户使用地理数据、地理处理服务。满足更多用户对地理数据、功能的需求。

第 5 章 基于 REST 的 GIS Web 服务的实现机制

5.1 GWS 服务的描述机制

不管是地理空间数据还是地理功能服务,用 REST 的术语来说,都是资源。GWS 软件代理之间传递的不是资源本身,而是资源的表示。因此,资源的表示,即传输格式就成为 REST GWS 中的一个重要问题。

地理空间数据的格式可使用 OGC 的 GML,完全没必要闭门造车。GWS 服务的传输格式拟使用 RDF 和 XML,除了 ISO 19115 是对基于 RPC 方式服务的描述,并不适用 GWS,这方面没有其他现成的规范可以参考,也是本节要研究的重点。

5.1.1 GWS 元数据

地理信息业内人士对元数据的概念并不陌生。一般认为,元数据(Metadata)就是“关于数据的数据”或“关于信息的信息”。随着全球社会经济信息化和空间数据基础设施的发展,对地理空间元数据的需求更为迫切。国内外学者对地理元数据进行了大量研究,ISO/TC211、许多国家都制定并发布了相关的地理信息元数据标准,如 FGDC 元数据标准等。我国也把地理信息元数据国家标准的制定正式列入国家计划,现已提出“中国地理信息共享元数据标准方案”的修改稿。

地理空间元数据可分为地理空间数据元数据和地理空间服务元数据两种。数据元数据是对各种数据集的描述,包括空间数据、属性数据、知识工程数据等。对于空间数据元数据的研究相对较为成熟,已有多种元数据标准出台并得到广泛应用,包括 FGDC 的元数据标准、ISO 19115 等。

服务元数据则是对各种服务功能、函数、对象、构件、模块的描述。GWS服务元数据对提供的GIS Web服务进行描述，为GWS服务间及其他系统间互操作提供一种机制。通过GWS服务元数据可发现服务模块及功能描述，以及服务接口的说明，服务请求程序根据GWS元数据对具体服务的描述，实现服务间的集成。

服务的定位、发现是使用GWS服务的前提，而通过元数据对GWS服务进行描述又是服务发现的基础。因此，下面就GWS服务的元数据进行有关探讨，主要包括GWS元数据描述的对象、应包括的内容、编码方式(格式)等。

5.1.2 GWS服务元数据的描述对象与内容

5.1.2.1 元数据的描述对象

对地理服务进行描述首先要对服务进行分类，而基于不同角度进行的分类会产生不同的分类体系。如李琦等把分布式地理信息服务分为用于空间数据生产和管理的特定地理领域服务和可为其他信息领域使用的共享服务，而后者包括空间查询服务、空间分析服务、空间制图服务和空间数据管理服务。ISO和OGC则使用了不同的分类体系，该分类体系更为全面、系统，也更具权威性。因此，GWS元数据的内容将以此为基础。下面对此地理服务分类进行考查。

OGC和ISO19119的地理空间服务分类体系：ISO地理空间服务的分类采用统一方法，把各种地理服务纳入可扩展开放式系统环境模型(ISO19101)。在该分类中定义了各种服务类型的名称及内容，并要求采用该标准的系统，必须使用规定的地理服务分类体系组织服务。根据该分类，地理空间服务主要包括(见表5.1)[1]：

---

[1] ISO19119要求“如果一个系统提供的某个服务的名称与本标准中的服务名称相同，则该服务必须归入本标准已定义服务类型”，鉴于目前对有些术语的译法尚未统一，为了便于实施，服务名称使用标准中的英文名称，未加改动。

表 5.1　地理空间服务分类

大类	子类	服务	备注
人机交互服务（human interaction）		catalog viewer geographic viewer spreadsheet viewer service editor chain definition editor workflow enactment manager feature editor symbol editor feature generalization editor	
地理模型/信息管理服务（information management）		feature access map access coverage access sensor description product access feature type catalog registry gazetter order handling standing order	
工作流/任务管理服务（workflow management）		chain definition workflow enactment subscription	

续表 5.1

大类	子类	服务	备注
地理信息处理服务（processing）	空间处理（spatial）	coordinate conversion coordinate transformation coverage/vector conversion image coordinate conversion rectification orthorectification sensor geometry model adjustment image geometry model conversion subsetting sampling tiling change dimension measurement feature manipulation feature matching feature generalization route determination positioning proximity analysis	
	专题处理（thematic）	geoparameter calculation thematic classification feature generalization subsetting spatial counting change detection geographic information extraction image processing reduced resolution generation image manipulation image understanding image synthesis multi－band image manipulation object detection geoparsing geocoding	

续表 5.1

大类	子类	服务	备注
地理信息通信服务（communication）	时间处理（temporal）	temporal reference system transformation subsetting sampling temporal proximity analysis	
	元数据处理（metadata）	statistical calculation annotation encoding transfer geographic compression geographic format conversion messaging remote file and executable management	

(1)地理信息人机交互服务,包括目录浏览器、地理信息浏览器、地理数据结构浏览器等;

(2)地理模型/信息管理服务,包括要素访问服务(如 WFS)、地图访问服务(如 WMS)、覆盖访问服务、目录服务、地名词典服务等;

(3)地理信息工作流/任务管理服务,包括服务链定义服务、工作流执行服务、预定服务等;

(4)地理信息处理服务,包括空间处理服务(如坐标变换)、专题处理服务(如地理参数计算服务、专题分类)、时间处理服务(如时间参照系转换等)和元数据处理服务等。

(5)地理信息通信服务,如地理信息压缩服务、地理信息格式转换服务、编码服务等。

表 5.1 中包括绝大多数常见的地理空间服务,这也是 GWS 服务元数据要描述的主要对象。如果要提供的服务不在上述列表中,则可根据服务分类进行添加,如叠置分析(overlay analysis)服务,可归入地

理信息处理服务大类、空间处理子类中。

ISO 地理服务分类体系中对具体服务进行了定义，如地理信息管理服务类下的目录服务指的是“用于发现和管理服务实例元数据库的服务”，工作流/任务管理服务下的预定服务“允许客户端预定事件的通知”等，这意味着使用这些服务的双方对服务的语义达成共识，这也是 ISO 地理空间服务分类体系的目的所在。

尽管如此，上述服务分类体系为服务间的互操作奠定了一定的基础，对于该分类体系中未包括的 GWS 服务，需要有额外的机制对其语义进行描述。

5.1.2.2 元数据的描述内容

OGC 认为 GIS Web 服务必须具备的基本操作之一是描述自身的能力。激活该操作，即可获得关于该服务元数据(即描述服务本身)的 XML 文档。元数据文档一般可以包含三类信息：①关于该服务人类可读的描述；②服务提供的功能；③关于该服务附加信息、需求的属性集。其实，这也是所有 OGC Web 服务必须实现的基本操作。

服务元数据对 GWS 的各个方面进行描述，客户应用通过 GWS 元数据可获得有关该服务的所有必需信息，以便调用/消费(consume)该服务。GWS 元数据可分为两个部分：必选元素和可选元素。GWS 服务元数据至少应包括以下内容：

(1)服务标识符：用于确定 GWS 服务；每个不同的服务有唯一的标识符。

(2)服务摘要：包括服务类型和该服务特有的 capabilities。

(3)如何使用服务的指令。

(4)服务发现信息，包括服务的位置(在本书中即 URL 链接)。

(5)服务约定，如接口、绑定、使用协议等。

(6)对服务的解释，如对其语义的说明等。

(7)服务描述：提供服务有关信息供用户参考，便于用户对服务进一步理解。

5.1.3 GWS 服务元数据格式

5.1.3.1 服务分类与语义

为确保服务的互操作性,有必要对服务的语义达成共识。为服务添加语义注解(semantic annotation)主要有两种方式:①使用共同认可的外部约定,对一系列的标记的意义达成共识,如在电子出版领域得到广泛应用的 Dublin core 就是用的这种方式;②使用 Ontology 明确注解的意义。Ontology 的原意是本体论的意思,计算机科学中的 Ontology 指的是对某一领域的正式规约(formal specification)。Ontology 通过定义系列词汇,确保对特定领域的共识,同时也是该领域正式的、机器可处理的模型。该领域从 Semantic Web 提出以来得到广泛关注。

上述两种方法各有优劣:外部约定的方法适合表达有限的事物,也不够灵活;但其简单性使其有较高的实用价值。为便于服务的浏览、发现,OGC 的 OWS 服务分类把语义上近似的服务归入一类。Ontology 的方法则功能强大,使用规范的方法对词汇的语义进行明确,可确定词汇间的关系,不同 Ontology 间可合并使用;缺点是该技术比较复杂,又刚刚出现,还很不成熟,目前尚在研究阶段,不管是开发工具、相关支持方面都较欠缺。RDF 是语义 Web 的技术基础,因此 GWS 服务的描述将主要使用外部约定的方法,用 RDF 对使用的概念进行辅助说明(RDF 的使用是 Ontology 的前奏)。

5.1.3.2 基于 RDF 的元数据表示

传统上,对网络软件系统的接口描述多使用 CORBA 的接口定义语言(IDL),或使用对象定义语言(ODL),Web 服务出现后 WSDL 又成为这一领域的新宠。但这些技术都是为传统的基于远程过程调用(RPC)技术系统而设计的,对于描述面向消息(message oriented)的系统不是特别合适。

GWS 服务元数据拟使用 RDF/XML 描述。但 RDF 本身只是提供了一个表达元数据的模型,一个领域无关的描述元数据的机制。要想使用 RDF 对 GWS 服务有关元数据进行的描述具有语义,需要使用 RDFS(RDF Schema,RDF 模式)定义 GWS 服务论域中的相关类及其属性。

RDFS定义GWS论域中的类(也称为概念)及其属性,这些类和属性又可用来描述其他的类和属性。通过这种方式,RDF对GWS资源的描述能力得到了增强,而且应用程序可以根据RDFS定义的词汇对用RDF/XML格式表示的GWS元数据进行处理,解析出GWS服务元数据的语义。

也就是说,需要使用RDFS为GWS论域(domain)定义一个RDFS词汇表,这些词汇是对GWS系统中的概念及其属性的形式化描述。例如,GWS服务类包括所有种类的GWS服务,特定的GWS服务(如一个Web地图服务)是GWS服务类的实例。一个类可以有子类,子类表达的概念更为明确,如Web地图服务类可以有OGC的WMS子类和Mapserver子类。然后GWS组件使用这些定义的RDF词汇对有关服务元数据进行描述。具体需要以下几步:

(1)确定GWS服务中的类。

(2)在一个地理分类层次中对类(根据超类与子类的关系)进行安排。

(3)定义类的属性。

(4)使用定义的词汇对GWS服务进行描述。

5.2 GWS服务的定位与发现

Web服务的定位/发现是使用Web服务的前提。除人工发现方式外,Web服务发现主要有三种机制:集中的注册中心(Registry)、索引(Index)和P2P(Peer-to-Peer)方式。P2P的服务发现方式更适合动态的环境(如移动计算等),在此我们主要考虑Registry和索引方式。

对于Registry方式来说,服务描述必须由服务提供者主动放入登记中心。登记中心的所有者具有决定谁可以发布、更新服务描述的权限,还可决定发布信息的类型。UDDI和OGC的目录服务都属于此类。索引机制一般使用机器人(robot)程序等搜集信息并进行分类。yahoo、google是典型的索引服务。索引服务的特点是:信息发布是被动的;任何人、机构都可以创建索引;索引中包含的信息可能过时。两者间更重要的区别是控制权在谁手中,哪些用户可以发布服务信息、发布什么样的信息。对于 Registry 这样集中的方式,控制权在所有者。对于索引机制来说,因为感兴趣的个人、机构都可以创建索引,不同索引间的竞争决定了市场将掌握最终的控制权。

GWS 可以使用 OGC 的目录服务作为定位、发现机制,但为了保证 GWS 的分布性和 scalability,结合基于 REST 的 GWS 本身的特点,充分发挥 URI 定位的功能,可使用基于本机的索引机制。首先,使用这种服务发现机制,控制权掌握在服务提供者手中;其次,索引中包含的信息是及时的,因为发布服务时同时发布服务的元数据;最后,这种服务发现机制可以和 OGC 的目录服务或其他索引机制结合,提供更强大的功能。

服务的发现与描述需要服务元数据信息,通过服务元数据的描述,用户才能使用服务目录/索引找到所需的地理空间服务资源。互联网协会发布的 RDF 规范可用于这一目的。RDF(Resource Description Framework,资源描述框架),是用来表现互联网上各类资源的信息的一种语言。本书中使用 RDF 对服务元数据进行描述,一般 XML 文件作为客户应用与 GWS 服务间通信的消息格式。

REST 强调 URL 的导航功能,通过访问 URL 返回的文档中的超链接决定下一步采取的动作。该特点也可作为 GWS 服务发现、定位的一种方法。特别是上文中提到,ISO 和 OGC 的地理服务分类机制,在地理信息界具有权威性,可作为设计 URL 层次的基础。这是最简单、有效的一种方法。

5.3 GWS 的交互机制

5.3.1 GWS 消息

对于 Web 服务的松散耦合人们有一些误解,认为因为 Web 服务是基于 XML 的,因此只要使用 Web 服务就可以构建松耦合的系统。

但事实并非如此,在 Web 服务中使用基于 WSDL 的 RPC 风格的调用将会导致紧耦合系统的产生:如果一个接口的签名被改变,该方法的所有使用者都必须在实现中进行同步更新。只有使用基于文档的接口,并用 XML 来定义消息文档,才能产生真正的松散耦合。在这种情形下,方法的签名没有改变,所改变的是消息文档的内容;而业务驱动的消息文档和 RPC 方法相比,具有更高的稳定性。

当然,基于消息文档接口的实现稍为复杂,需要较多的编程工作,因此必须认真设计消息文档的格式。为了获得 Web 服务软件代理间交互的灵活性,这种投入是值得的。

GWS 使用的消息格式主要有两种:一种是知名服务的消息格式,如 OGC 的 Web 地图服务(WMS)、Web 要素服务(WFS)等,消息格式已由相关规范定义,这时 GWS 只要根据 OGC 有关的实现规范在软件组件中提供对这些消息格式的支持。另外就是 GWS 特有的消息格式,包括服务请求、服务响应等,这些消息格式需要预先定义,GWS 软件组件通过交互,动态地获取消息格式,再根据消息格式产生各种消息。

5.3.2 内容协商

GWS 服务器需要同时为多种客户端提供支持,包括浏览器、定制应用、移动设备等。不同客户端的处理能力各不相同,即使对同一个 GWS 服务实例,可能要求 GWS 服务器返回该服务的不同格式(表示),比如说,浏览器希望得到 HTML 文件、定制应用需要 XML、移动设备只能处理 WML。客户端和 GWS 服务器之间必须使用某种机制,才能确保客户端得到需要的(服务)格式。

这种机制的实现可以有两种方式。一是 Web 服务器根据客户端发送 HTTP 消息中的用户代理(User - Agent)标头,使用 URL 重写规则,把请求资源的不同表示(格式)返回给不同的用户代理。如 User - Agent 标头与 Mozilla 或 IE 匹配,GWS 服务器将返回资源的 HTML 格式的表示,对其他用户代理作同样处理。完全根据用户代理的不同由 GWS 服务器自动控制的做法有两个问题:GWS 服务器位于互联网上,会有令人意想不到的客户端与该服务器连接,服务器对于未知种类的用户代理不好处理;另一问题是客户端可能会用到 GWS 服务器指定格式之外的其他格式,如定制客户应用除了 XML 格式,可能还需要 HTML 格式,这种情况也难于处理。

HTTP 协议(1.1 版)的内容协商(Content Negotiation)机制是实现该功能更好的方式。内容协商是 HTTP/1.1 版新加入的功能,使客户端对选择服务器端资源的特定表示(格式)具有更多控制。内容协商主要包括媒体类型(Media Type)、语言、编码和字符集四个方面。程序示例 5.1 可以更好地理解内容协商在 Web 服务器与用户代理间交互中起的作用。

程序示例 5.1　Firefox 浏览器向 google 发出的 HTTP 请求消息

[1]　GET / HTTP/1.1

[2]　Host: www.google.com

[3]　User-Agent: Mozilla/5.0 (X11; U; Linux i686; zh-CN; rv: 1.7.5)
Gecko/20050210 Firefox/1.0 (Debian package 1.0+dfsg.1-6)

[4]　Accept: text/xml, application/xml, application/xhtml+xml, text/html; q=0.9, text/plain; q=0.8, image/png, */*; q=0.5

[5]　Accept-Language: zh-cn, en-us; q=0.7, en; q=0.3

[6]　Accept-Encoding: gzip, deflate

[7]　Accept-Charset: ISO-8859-1, utf-8; q=0.7, *; q=0.7

[8]　Keep-Alive: 300

[9]　Connection: keep-alive

[10]　Cookie: PREF=ID=1e1b935e36e4446f:LD=en:NW=1:CR=2:TM=1085423246:
LM=1107964093:GM=1:S=WhYHTLPfYuqKibTL; GPC=GHV=0:TS=0:TV=1:SIG=8-njiMHnxA6hbla

程序示例 5.1 是使用 Linux 操作系统上的 Firefox 浏览器向 http://www.google.com发出的 HTTP GET 请求消息。从例子中可以看出,Firefox 浏览器使用 Accept 标头表示希望接受的媒体类型(第

4行),包括 text/xml、application/xml 等;用 Accept-Language 表示希望接受的语言,Accept-Encoding 表示接受的编码格式包括 gzip 和 deflate;Accept-Charset 则用于表示可以接受的字符集。用户代理和 Web 服务器可以就以上几个方面进行协商,但服务器是协商的最终仲裁者,因为服务器上不一定有用户代理希望的格式。

对 GWS 服务来说,HTTP 的 Accept 标头和 Accept-Encoding 标头比较有用。GWS 客户端使用 Accept 表示希望收到的媒体类型,如定制客户端希望返回 XML 格式的文档,可以用 Accept: text/xml 的标头;移动设备访问 GWS 服务,可使用 Accept: text/wml 的标头。GWS 服务器然后可根据客户端的请求的 URL,返回该 URL 指向资源的不同表示(格式)。Accept-Encoding 标头则可用于地理空间数据的传输,由于地理数据具有数据量大的特点,在进行网络传输时使用 gzip 编码(服务器端直接发送使用 gzip 格式压缩的数据,客户端收到后再解压缩)可加快传输速度,从而缩短系统的响应时间,提高系统整体性能。

5.3.3 服务调用示例

基于 REST 的 GIS Web 服务的特点是使用超链接进行导航,客户应用与 GWS 网站间的交互见图 5.1。

客户应用与 GWS 的交互过程如下:

(1)客户应用访问 GWS 站点的主索引,如 http://gws.hyao.net/services。

(2)GWS 网站返回一个 RDF/XML 格式的索引文件,该文件包含网站提供所有 GWS 服务的元数据或指向具体 GWS 服务元数据的超链接。

(3)客户程序对服务索引进行解析,根据需要向 GWS 网站请求具体服务的元数据(访问该链接)。

(4)GWS 网站返回服务元数据(RDF/XML 格式)。

(5)客户应用再次进行元数据解析,如果希望使用的服务是知名服务,如 OGC 的 WMS、WFS 等,则按照 OGC 相关规范描述的实现方法

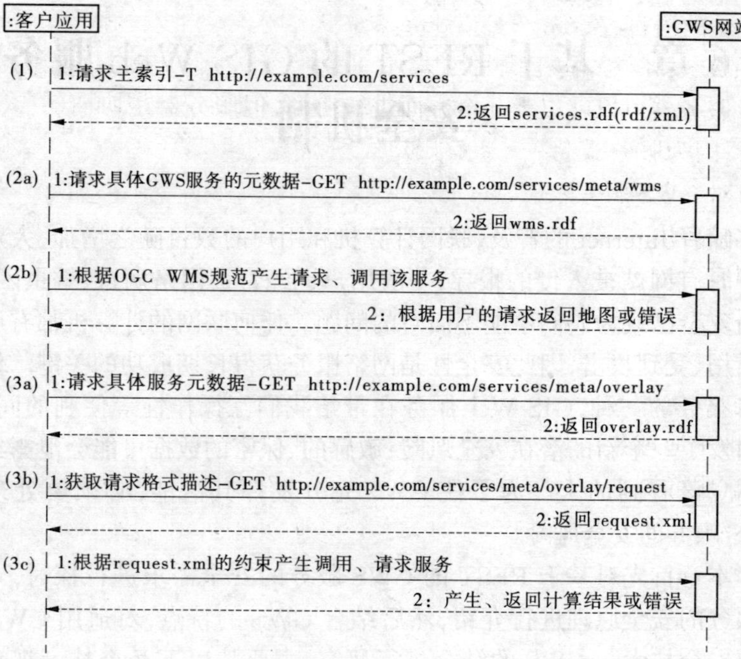

图 5.1 GWS 交互图

对这些服务进行调用;如果是未知 GWS 服务,可以使用服务元数据中提供的请求格式(以 XML 模式语言约束)产生请求。

(6)客户应用对返回文件进行验证、解析;该返回文件可包含相关 GWS 服务的链接,客户应用可根据需要决定是否使用其他 GWS 服务。

(7)重复上述过程。

第6章　基于REST的GIS Web服务的安全机制

随着Internet的普及，联网计算机和用户的数目随之增加，大众传媒不时有网站被入侵的报导，一般用户也经常被网络病毒、蠕虫困扰，网络安全已成为人们不能不面对的问题。任何联网的计算机都有可能被滥用、受到攻击，因此安全性是网络服务获得长期成功的关键。作为网络服务的一种，GIS Web服务在带给我们互操作性等便利的同时，也引发了一个新的潜在安全风险：敏感的、保密的数据可能会泄露给那些不应该看到的人。为了使GWS充分发挥其潜能，必须要处理好GWS服务的安全风险。

本章首先对基于REST的GWS服务的安全需求进行探讨，对网络服务的安全原理进行介绍，然后结合GWS的特点，对适用GWS的主要安全技术与GWS的结合进行研究，主要从以下几个技术视角考虑GWS的安全问题，包括身份验证与授权、GWS消息的机密性和完整性等。

6.1　网络安全原则与GWS的安全需求

对网络安全这个概念，不同人会有不同理解。对于网上购物的用户来说，网络安全应该保证他的信用卡号、密码不被泄露，商户收到他汇出的款项，然后他就可以收到订购的物品。而服务的提供者则更关心收到的信息是真实的，客户确实把相当数额的款项汇到其账户，而不是黑客伪造的信用卡和密码。尽管如此，有效的安全性解决方案还是离不开下面几个原则：

（1）认证：确定相关实体所宣称身份的有效性的过程。

（2）授权：根据系统的某种环境设置确定是否允许某个已被证实身

份的实体访问受保护资源的过程。

(3)完整性:防止用户对资源进行未授权的修改、破坏。

(4)保密:信息对未授权用户、实体不可泄露。

(5)不可否认性:在某个通信或事务处理过程结束后,防止任何参与者否认其在该过程中所充当角色。

(6)审核:记录系统的所有活动,详细程度足以再现事件。

(7)可用性:保护资源免受可能影响系统有效性的拒绝服务攻击。

GWS 的安全问题涉及安全政策、组织机构、硬件设备、软件应用等。即便是只考虑 GWS 的软件部分,对其安全性的探讨也不可能面面俱到。基于 REST 的 GWS 建立在标准 Web 协议、标准之上,因此,适用于互联网的安全技术同样可用于 GWS,这些技术包括安全套接字层(SSL)、代理服务器、防火墙等。对于 Web 的安全技术已是研究较多的话题,除了个别情况外,本章不再对这些传统技术进行专门研究。

为提高 GWS 网站的安全,需要关注的安全检查点除了传统的 Web 服务器所需要的外(包括网络、防火墙、操作系统、Web 服务器软件、CGI 程序、网站内容等),还要考虑应用服务器、空间服务器等。Bruce 和 Dempsey 指出应该把重点放在最有可能的安全问题上,因此下面主要针对 GWS 的验证与授权、GWS 消息的保密性和完整性进行阐述。

简单地说,GWS 的安全需求的关键包括以下几点:

(1)认证与授权:有些服务并不对所有用户开放,如何允许特定用户可以访问一些服务,禁止非法用户访问。

(2)维持 GWS 服务消息的完整性。

(3)GWS 服务软件代理间通信消息的保密性。

6.2 GWS 的安全原理

6.2.1 加密与数字签名技术

数据加密领域主要有加密算法和散列算法两类算法。前者可分为对称加密(私有密钥)和非对称加密(公有密钥)技术,常用的加密算法包括 DES、3DES、AES、BlowFish、RC2 - RC6 等。散列算法的代表是数据签名算法,又叫数据散列算法,用于对数据进行处理生成一个唯一的等长签名字符串,原数据的长度可能是任意的,而任意两个相似但哪怕只有少许细微差别的数据集,都将产生差别非常大的等长签名字符串,这个字符串在一般意义下被认为是极少会发生空间冲突(重复)的,因此数据散列算法对于确保数据的唯一性是一种必要的手段。常见的数字散列算法有 MD5、SHA - 1、CAST - 256 等。下面分别对私有密钥和公开密钥技术及其适用情景进行探讨。

私有密钥在一个或多个参与方之间使用一个共享的秘密密钥。私有密钥使各个参与方可以相互认证,最常见的用途是计算机对用户登录进行密码验证。尽管私有密钥技术也用于数据加密,但私有密钥在各个参与方之间是共享的。因此,该技术更适用较少应用程序/用户间交互的情况。

公开密钥技术使用两个分离的但数学上相关的密钥。每个用户有一对密钥,使用公开密钥进行加密,私有密钥进行解密。和私有密钥技术相比,公开密钥技术的使用者不用和其他参与者共享其私有密钥。因此,该技术更适用较多应用程序/用户间交互的情况,还可以创建数字签名,用于校验电子消息内容和发送者。

公钥可以自由分发,但为了保证公钥的安全,确定公钥与其所有者间的关系,需要使用 CA(证书颁发机构)颁发的公钥证书。公钥证书是个包含用户名以及其他信息的电子文档,证书上还有 CA 的签名,证明公钥属于该用户。公钥证书的使用需要公钥基础设施(Public Key Infrastructure, PKI)的设立,用来支持证书的生成、分发、吊销等。除了 CA 外,PKI 通常还包括注册机构、目录,以及描述 PKI 操作、安全措施和 CA 责任范围的证书惯例声明(CPS)。鉴于 PKI 的复杂性,本书对 PKI 不再进行详细的描述,感兴趣的读者请参阅相关文献。

6.2.2 身份认证

认证是用以保证网络服务中的各个环节包括请求者、提供者、入侵者(如果有的话)能够得到相应的服务的。认证包括从这些环节接收信用证书并对它们进行确认。常见的认证技术包括 HTTP 认证、XML-sig 等。

授权决定请求者是否可以使用所请求的内容。基本上来说,授权检查服务请求者的信用证书。它决定一个服务请求者是否有资格进行某项网络服务操作。

6.2.3 GWS 的数据保护

数据保护保证 GWS 网络服务的请求和响应在传输途中不出问题,包括两个方面:数据完整性和数据私密性。数据的私密性确保数据信息机密可靠,不会被未授权的对象所访问和浏览到,基本的私密性保护手段就是数据加密。数据完整性则是指数据在传输和存储过程中将保证数据的唯一和完整,不会被恶意篡改,保证数据完整性的基本手段主要有消息摘要(digest)和数字签名等。

6.3 GWS 使用的安全技术

6.3.1 SSL/TLS

当前,传输层安全性(Transport Layer Security,TLS)是互联网上安全通信的事实标准。TLS 是继著名的安全套接字层(SSL)之后的端到端安全性协议,SSL(Secure Socket Layer, 安全套接字层)和 TLS (Transport Layer Security, 传输层安全)提供客户机与服务器之间的安全连接。SSL 最早是 Netscape 公司设计的用于 HTTP 协议加密的安全传输协议,SSL 工作于 TCP 协议的传输层(TCP 层)和应用程序之间。作为一个中间层,应用程序只要采用 SSL 提供的一套 SSL 套接字 API 来替换标准的 Socket 套接字,就可以把程序转换为 SSL 化的安全网络程序,在传输过程中将由 SSL 协议实现数据机密性和完整性的保证。SSL 协议的当前版本为 3.0,当 SSL 取得大规模成功后,IETF(互联网工程任务组)对 SSL 进行标准化,并将其称为 TLS。从技术上讲,

TLS1.0 与 SSL3.0 的差别非常微小，SSL 由于其历史的原因在当前的商业应用程序之中使用得更多一些。本书中的术语 SSL 既指 SSL 协议，也指 TLS 协议。

SSL 协议运行于 TCP/IP 之上和高层应用协议（如 HTTP、IIOP 和 LDAP）之下，因此它可以为高层协议数据提供机密性。SSL 安全连接所提供的信任、机密性和性能的级别各有不同，并且都取决于客户机和服务器的 SSL 配置。因此，要正确地配置客户机和服务器，并因此而达到期望的信任、机密性和性能的级别，理解 SSL 的基本操作和用法就很重要。

如果对 SSL 的性能有所顾虑，可以使用 SSL 硬件加速器（hardware SSL accelerator）。SSL/TLS 技术非常成熟，得到极度优化，是加密传输层的优选技术，可以作为 GWS 服务的安全传输层。

6.3.2 XML 加密

6.3.2.1 简介

SSL 是个非常安全、可靠的协议，它提供了通信双方之间的端到端安全性会话。XML 加密语法与处理（XML Encryption Syntax and Processing）是 W3C 的推荐标准，定义了一个加密数字数据的过程和使用 XML 表示加密数据的方式。XML 加密（XML Encryption）提供了 SSL 未涵盖的安全性需求的补充：①加密交换数据的一部分；②多方（不止两方）之间的安全会话。

XML 加密可以对整个 XML 文档加密，还支持对 XML 文档的部分加密，可加密的最小单位是 XML 元素。使用 XML 加密，每一方都可以保持与任何通信方的安全或非安全状态。可以在同一文档中交换安全的和非安全的数据。对于使用 XML 文档进行消息传递的 GWS 来说，这个特点非常重要。比如，地理数据供应商需要知道客户的名称和地址，以便寄出数据光盘。但他不必知道客户信用卡的各种有关信息，银行则不必知道客户订购的数据产品的详细信息。

另外，XML 语言的强项之一是，搜索是明确的、无二义性的：DTD 或 Schema 提供了相关语法的信息。如果将包括标记在内的文档的一部分作为整体加密，就会丧失搜索与那些标记相关的数据的能力。此外，如果标记本身被加密，那么一旦泄漏，它们将被利用对采用的密码术进行纯文本攻击。

最后，尽管更常用于 XML 文档的加密，XML 加密技术可以加密任何数据，包括 XML 和非 XML(如二进制)数据。

6.3.2.2 **XML 加密的过程**

W3C 的 XML 加密规范对 XML 加密的过程进行了详细的描述，Hartman 和 Flinn 则在此基础上提出了 XML 加密的简略过程。

加密 XML 元素的步骤：①选择加密算法和参数；②获取密钥；③加密数据；④建立 EncryptedType 结构；⑤用 EncryptedType 结构替换 XML 文档中的未加密数据。

XML 元素的解密：①处理元素；②获取解密密钥；③解密 CipherData 中的数据；④处理解密数据。

XML 加密规范并没有规定使用特定的加密算法和密码长度，用户可以根据应用需求进行相应选择。

6.3.2.3 **XML 加密示例**

现在我们将演示一个简单的数据交换，通过 XML 加密使它安全。然后我们将慢慢地增加安全性需求的复杂程度，并解释 XML 加密模式及其不同元素的使用。

XML 加密语法的核心元素是 EncryptedData 元素，该元素与 EncryptedKey 元素一起用来将加密密钥从发起方传送到已知的接收方，EncryptedData 是从 EncryptedType 抽象类型派生的。要加密的数据可以是任意数据、XML 文档、XML 元素或 XML 元素内容；加密数据的结果是一个包含或引用密码数据的 XML 加密元素。当加密元素或元素内容时，EncryptedData 元素替换 XML 文档加密版本中的该元素或内容。当加密的是任意数据时，EncryptedData 元素可能成为新 XML 文档的根，或者可能成为一个子代元素。当加密整个 XML 文档时，EncryptedData 元素可能成为新文档的根。此外，EncryptedData 不能是另一个 EncryptedData 元素的父代或子代元素，但是实际加密的数据可以是包括现有 EncryptedData 或 EncryptedKey 元素的任何内容。

加密工作草案给出了一些示例来演示加密的颗粒度如何根据要求的不同而不同,以及可能出现什么结果。程序示例 6.1 中的代码片断显示了带有信用卡和其他个人信息的未加密 XML 文档。在某些情况下(如隐藏支付机制的信息),可能希望加密除客户名称以外的所有信息,程序示例 6.2 的代码片断演示了如何这样做。

程序示例 6.1　显示 John Smith 的银行账户、5 000 美元限额、卡号和有效期的的信息

```
<? xml version='1.0'? >
<PaymentInfo xmlns='http://example.org/paymentv2&#39;>
  <Name>John Smith<Name/>
  <CreditCard Limit='5 000' Currency='USD'>
    <Number>1234 0000 2222 8989</Number>
    <Issuer>Bank of the Internet</Issuer>
    <Expiration>04/02</Expiration>
  </CreditCard>
</PaymentInfo>
```

程序示例 6.2　除名称之外全部被加密的加密文档

```
<? xml version='1.0'? >
<PaymentInfo xmlns='http://example.org/paymentv2&#39;>
  <Name>John Smith<Name/>
  <EncryptedData Type='http://www.w3.org/2001/04/xmlenc#
Element'
    xmlns='http://www.w3.org/2001/04/xmlenc#'>
    <CipherData><Ciphervalue>A23B45C56</Ciphervalue></
CipherData>
  </EncryptedData>
</PaymentInfo>
```

但是在其他情况下,可能只需要隐藏一些敏感内容,可能来自商家或其他第三方(见程序示例 6.3)。

程序示例 6.3　只隐藏了信用卡号的加密文档

```
<? xml version='1.0'? >
<PaymentInfo xmlns='http://example.org/paymentv2&#39;>
  <Name>John Smith<Name/>
  <CreditCard Limit='5,000' Currency='USD'>
   <Number>
     <EncryptedData xmlns='http://www.w3.org/2001/04/xm-
lenc#'
       Type='http://www.w3.org/2001/04/xmlenc#Content'>
       <CipherData><Ciphervalue>A23B45C56</Ciphervalue>
</CipherData>
     </EncryptedData>
   </Number>
   <Issuer>Bank of the Internet</Issuer>
   <Expiration>04/02</Expiration>
  </CreditCard>
</PaymentInfo>
```

CipherData 可以封装,也可以引用原始加密数据。在第一种情况下,Cipher value元素的内容显示原始数据;而在第二种情况,使用CipherReference元素,这包括了一个指向加密数据位置的 URI。

6.3.3 XML 签名

6.3.3.1 简介

数字签名可以提供端到端的消息完整性保证,还可以提供有关消息发件人的验证信息。例如,原始内容的某个字节被篡改(如把售价1 000元改为 1 元,或者把"否"改成了"是"等),那么签名验证将失败。XML 签名标准就是可签署 XML 文档的数字签名技术。

XML 签名标准是互联网协会于 2002 年发布的签署电子商务应用的任何对象的规范(同时是 IETF 草案)。只要是 URI 可定位的数据,不管是 XML 或是其他格式,都可使用 XML - sig 签署。自 2002 年 2 月成为正式的 W3C 推荐规范后,该标准已得到众多传统 IT 厂商和安全服务产业厂商的支持，如IBM、微软、Entrust、Verisign、RSA安全公司等。在GWS要求的验证、内容完整性和内容保密性三种功能当中，XML－sig可以提供完整性，还可用于进行发件人验证。

XML签名可以定义一系列XML元素，这些元素可以内嵌或以其他方式附加在任何XML文档中。这样，收件人可以验证收到的消息与发件人原本发送的消息是否相同。XML－sig规范对XML签名的创建和使用步骤进行了详细阐述。

一般的加密技术可以对XML文档整体进行数字化签名。然而，当需要对文档的不同部分（可能由不同的人）签名，以及需要与选择性的方法一起来这样做时，就会出现困难。也许不可能或者不值得强制不同部分的加密工作由特定人员按特定顺序进行，然而成功地处理文档的不同部分将取决于是否知道这点。此外，由于数字签名断言已经使用了特定专用密钥来认证，所以要小心签名人是以纯文本形式查看文档项的，这可能意味着对由于其他原因而加密的部分内容进行了解密。在另一种情况下，作为更大集合中的一部分，可能对已经加密过的数据进行进一步加密。在牵涉单一XML文档（可能由一些不同的应用程序和不同的用户处理在工作流序列中使用的Web表单或一系列数据）的事务集中考虑的不同可能性越多，就越可能看到巨大的潜在复杂性。

和SSL/TLS技术相比，SSL除消息保密性功能以外，还提供消息完整性保障，但这项功能仅在传送过程中有效。接收方收到消息后，需首先“解除”SSL保护，然后才能处理消息。其次，SSL只在通信端点之间起作用。如果在开发新的Web服务时使用传统的HTTP服务器（如IIS或Apache）作为网关，或者与具有SSL加速器的大型企业进行通信时，消息完整性在SSL连接终止以前一直可以得到保障。

可以拿传统信函进行类比说明。当将支票邮寄到电话公司时，通常会在支票（即“消息”）上签名，并将支票放入信封中以达到保密和邮寄的目的。收到消息后，电话公司会拆开信封，将信封扔在一边，然后处理支票。当然，也可以让消息成为信封的一部分，例如将付款贴在明信片上邮寄过去，但这样做显然很愚蠢。

6.3.3.2 XML 签名示例

可以将 XML 签名应用到任意数据内容。那些应用到相同 XML 文档中数据的签名称为封装或被封装的签名，而那些数据在签名元素外部的签名称为分离签名。示例 6.4 取自签名候选推荐文档，它是一个简单分离签名的实例。

程序示例 6.4 一个简单分离签名的示例

```
[1]   <Signature Id="MyFirstSignature"
        xmlns="http://www.w3.org/2000/09/xmldsig#">
[2]     <SignedInfo>
[3]     <CanonicalizationMethod Algorithm="http://www.w3.org/
        TR/2001/REC-xml-c14n-20010315"/>
[4]     <SignatureMethod Algorithm="http://www.w3.org/2000/
        09/
        xmldsig#dsa-sha1"/>
[5]     <Reference URI="http://www.w3.org/TR/2000/REC-
        xhtml1-20000126/">
[6]       <Transforms>
[7]         <Transform Algorithm="http://www.w3.org/TR/
                                 2001/REC-xml-c14n-20010315"/>
[8]       </Transforms>
[9]       <DigestMethod Algorithm="http://www.w3.org/2000/
                                 09/xmldsig#sha1"/>
[10]        <Digestvalue>j6lwx3rvEPO0vKtMup4NbeVu8nk=</
            Digestvalue>
[11]    </Reference>
[12]  </SignedInfo>
[13]    <Signaturevalue>MC0CFFrVLtRlk=...</Signaturevalue>
[14]    <KeyInfo>
[15a]     <Keyvalue>
[15b]       <DSAKeyvalue>
```

[15c]　　　　<p>...</p><Q>...</Q><G>...</G>
　　　　　　<Y>...</Y>
[15d]　　　</DSAKeyvalue>
[15e]　　</Keyvalue>
[16]　　</KeyInfo>
[17]　</Signature>

实际签名的信息是位于第 1 行和第 12 行之间，即 SignedInfo 元素。在签名的部分中包含用于计算 Signature value 元素的算法的引用，而那个元素本身位于签名部分之外（在第 13 行上）。第 4 行上的 SignatureMethod 引用的是将规范的 SignedInfo 转换成 Signaturevalue 所用的算法。它是密钥相关的算法和摘要算法（在这里是 DSA 和 SHA－1）的组合，可能还具有像填充这样的操作。KeyInfo 元素（位于第 14 行和第 16 行之间，该元素是可选的）指出用来验证签名的密钥。

6.3.4 其他相关语言和规范

隐藏 XML 文档中的敏感信息、建立完整性以及认证这些文档的不同部分的来源主要是通过遵循加密和签名规范中列出的步骤来处理的，在引用的 W3C 草案中描述该规范。另外，还有其他紧密相关的领域，例如认证用户或系统、标识授权级别和管理密钥，所有这些都与 XML 安全性（即 GWS 消息的安全性）相关。

SAML 是一个由 OASIS 驱动的模型，它尝试融合相互竞争的 AuthML 和 S2ML 规范，使认证和授权信息的互换便于进行。“可扩展访问控制标记语言”是与 SAML 紧密相关的，但它更着重于特定 XML 文档的上下文中的面向主题特权对象的安全性模型，它也由 OASIS 指导，被称为 XACML 或 XACL（即使在同一文档中）。通过用 XACL 编写规则，策略制定者可以定义，对于特定 XML 文档和前面所述的情况中的相关事情，由谁来实施哪些访问特权。

W3C 委员会现在正在考虑 XKMS，它打算建立一个位于 XML 签名标准顶部的密钥管理协议。有了 SAML、XACL 和其他倡议，XKMS 是构成应用于 XML 文档的安全性这个大框架中的重要元素。有了它,可以立杆见影地极大简化认证和签名密钥的管理;它将数字证书处理功能、撤回状态检查和认证路径位置和验证从所涉及的应用程序中分离开来,例如,通过把密钥管理委托给互联网 Web 服务。

在满足使用的便利性、可靠性和强健性方面,XML 安全性还要走很长的路。GWS 服务的安全性也是如此,但是以本章讨论的技术可以成为 GIS Web 服务安全机制的基础。

第7章　基于REST的GIS Web服务的设计与实践

近年来,软件危机越来越严重。软件危机包括两方面的内容:一是如何开发软件,如何满足对软件日益增长的需要;二是如何维护数量不断膨胀的已有软件。随着GIS软件数量的飞速增长和软件规模的扩大,GIS软件危机情况已日益严重。另外,GIS系统具有空间数据量庞大、实体种类繁多、实体间关联复杂,项目周期长、投资大、涉及部门众多等特点,现有的软件工程方法不完全适用于GIS系统的设计。

软件开发从来都不是件简单的事情,尽管软件工程一直发展,软件开发的状况实在不容乐观。美国Computer World于1999年发布的一项研究表明:在美国,有85%的IT部门没能满足所在机构的业务需求。计算机业界一直在探索提高软件开发效率的方法,近年来出现的方法包括面向对象、组件、模式、分布式计算等。

GIS Web服务构建在GIS系统的基础上,因此除了针对GIS的传统软件工程方法外,GWS的开发还要考虑GIS Web服务作为Web应用的特点。本章介绍基于REST的GIS Web服务的设计与实践。首先介绍系统的设计目标,包括互操作、规模可变、安全、可扩展、易维护等方面;然后对常见的GIS的设计、开发手段进行对比;最后在GIS Web服务研究的基础上,介绍原型系统的概念、解决方案和实施步骤。

7.1　GWS的设计策略

正如Peter Freeman所说:一般来说,把时间和资源投入到分析和设计活动中是明智的,因为在这些活动上花费的1美元比得上在以后阶段花费的10美元甚至100美元。这样做的理由已经被众多文献重复,并成为一个简单的事实:因为在许多情况下,如果能够仔细地理解问题并计划出解决方案，将有助于避免在构造或运行中出现一些严重的、难以修复的错误。而且，软件有许多关键的特性（如可靠性）是无法在构造阶段加到系统上的，它们必须在设计时就被加在系统上。

7.1.1 设计需求与原则

7.1.1.1 设计需求

总的来说，GWS 的设计包括两个方面的需求：①功能性需求，包括 GWS 必须实现的功能；②非功能性需求，包括互操作性、可扩展性，安全性等。对 GWS 来说，非功能性需求和功能性需求同样重要，不能有所偏废。

GIS Web 服务不仅应支持用户终端（台式机、笔记本电脑、PDA、手机等）上运行程序的访问，还要支持其他实现 GWS 接口的软件代理的访问。

7.1.1.2 设计原则

GWS 的设计应遵循下列原则。

1. 标准的采用

标准是实现互操作的基础。尽可能采用现有标准或与其兼容，如 W3C 的 HTTP、XML、OGC 发布的 Web 服务规范，包括 WMS、WFS、目录服务等。

2. 易于维护、扩展、定制

软件技术和用户需求一样是不断变化的，支持这种变化有效方法就是在软件设计之初把软件的扩展问题考虑进去，在软件的基本模块中加入扩展机制，使软件易于升级、扩展、定制。如需要为系统添加新的功能，只要直接添加新的成分，而不用改变已有代码。

3. 资源的观点

一切都是资源，包括服务本身、客户应用、地理空间数据等；通过最大化资源的无状态行为实现资源重用：为确保资源以后可在不同的应用环境中使用。

4. 使用开发源码软件

在涉及国计民生的项目上，完全依赖某一家厂商的技术/标准是否存在隐患，是我们不得不考虑的问题。我国正在大力研发具有自主知识产权的操作系统、核心应用软件（如北京中科红旗软件技术有限公司的红旗 Linux 操作系统，金山公司的 WPS Office 等），一方面是为了促进国产软件的发展，另一方面也是国家安全的需要。GWS 使用的软件平台、软件组件尽可能都是开源软件。

7.1.2　基于模式的设计方法

软件模式描述一个出现在特定设计语境中的特殊的再设计问题，并为其解决方案提供一个经过充分验证的通用图式。模式可分为体系结构模式（architectural pattern）、设计模式（design pattern）和惯用法（idiom）三类。体系结构模式用于在粗粒度设计阶段指定应用的基本结构，设计模式则用于粗粒度设计阶段末期和详细设计阶段，对软件系统的基本体系结构进行细化、扩展，而惯用法用于系统的实现阶段。

也有研究者认为“模式是设计的语言”，开发人员可以利用模式交流设计思想。如果使用得当的话，软件模式确实可以帮助开发人员实现应用的功能性需求和非功能性需求。但也要避免模式的滥用。过度设计（over engineering）是常见的一种情况，即为了模式而使用模式。模式要解决问题，是常见问题的重复的解决方案。一个设计模式不仅包括模式本身，还有背景、问题、问题的解释、解决方案和解决方案的解释。一些人应用模式时经常不考虑问题是什么，因为他们仅仅想使用模式。解决办法是仅在需要时使用模式。

对于 GWS 的设计来说，体系结构模式和设计模式都可使用。REST 本身就是软件体系结构的一种，GWS 的技术模型使用的是多层架构。因为前面已对 REST 进行了详尽的介绍，下面主要对多层架构进行考察。

多层应用程序最初是为了解决与传统的客户/服务器应用程序相关的问题而出现的。随着软件技术的迅速发展，这一体系结构开始成为大型应用的主流。

所谓层次的概念就是一层一层一目了然的处理方式。层次体系就是利用分层的方式来处理复杂的功能，层次系统要求上层可以使用下层子系统的功能,而下层子系统不能使用上层子系统的功能。一般来说,下层每个程序接口执行当前的一个简单的功能,而上层通过调用不同的下层程序,并按不同的顺序来执行这些下层子程序,层次体系就是以这种方式来完成多个复杂的业务功能的。使用分层结构,开发人员可以把应用程序中的业务逻辑放在中间层(业务层),这样业务逻辑与用户界面分开。如果要修改应用程序代码,只要对有关业务层进行修改,而不用修改成千上万的客户端应用程序。开发人员可以专注于系统核心业务逻辑的分析、设计和开发,简化了应用系统的开发、更新和升级工作。

尽管分层结构的执行效率相对降低、开发难度加大,但其优点更为突出:①良好的透明和封装;②高内聚、低耦合;③易于扩展、维护和重用;④开发人员易于分工、提高开发效率。

最常见的多层架构分为表示层、业务层和数据层三层。当然也有其他的划分方法,如 Visual Studio .Net 中的 Duwamish 示例程序就分为 Web 层、业务外观层、业务规则层、业务实体层和数据访问层。其实也就是三层结构的细化。

在第 4 章中对 GWS 的技术模型进行了研究,并把 GWS 分为数据访问层、业务层、服务层和客户层。实现 GWS 的互操作性的重点在服务层,服务层的实现又可以使用设计模式,从而简化了系统整体的开发。

7.2 开发方法

7.2.1 重量级方法与轻量级方法

软件工程自诞生以来,一直试图通过技术和管理的手段来降低软件项目的不确定性。在这个美好的愿景指导下,专家们发明了结构化方法、面向对象技术、RUP 等,这些新的技术和方法的确在一定程度上有助于软件危机的解决,促进了软件业的发展。然而,软件项目超支、超时、低质量的老问题并未得到根本解决。为了对抗不确定性,软件开发项目也越来越复杂、庞大,传统的重量级(Heavy Weight)方法的副作用也越来越明显——组织臃肿、办事低效、官僚主义等。相对于重量级方法,软件业一直有另一种声音存在,那就是轻量级方法(Light Weight),其目标是以较小的代价获得与重量级方法相当的效果。

制定了大量的规则的 RUP 方法被称为重量级(Heavy Weight)的方法,而像 XP 这样只制定少量的规则来规范行为的方法被称为轻量级(Light Weight)的方法(实际上,现在有一种倾向称这种方法为 Agile 方法的)。

敏捷方法的倡导者之一 Martine Fowler 在"The New Methodology"中是这样解释重量级、轻量级和敏捷的:轻量级与重量级的差异来自于人们对两种方法的文档数量的直观感受,即轻量级方法较少产生和依赖于庞大的文档,但这只是一个表面现象。在诸多的轻量级方法之间存在着很多相通的地方,敏捷更恰当地表达了这些轻量级方法的最根本之处。首先,敏捷强调适应,而非预测。重量级方法花费大量的人力物力,试图制定详细的计划来指导长期的工作,而一旦情况变化,那么计划就不再适用。因此,本质上重量级方法是抵制变化的,而敏捷方法则强调适应变化。其次,敏捷方法以人为中心,而非以流程为中心(即以事为中心)。敏捷方法强调软件开发应顺乎本意(work with people's nature),软件开发应带来乐趣。

重量级的方法包括 ISO 9000、CMM、统一软件开发过程(RUP)、PSP/TSP 等,重量级的方法强调编写大量的正式文档。例如,软件能力成熟度模型(CMM)主要关注人们开发软件的过程是否达到了某一要求,ISO 9000 为如何正式地在开发进程中使用文档作出了规范。Rational 公司的统一软件开发过程最为普及,其开发模式目前也被很多的企业所采用。轻量级的开发过程包括极限编程(XP)和敏捷流程(Agile Processes)等,没有对大量正式文档的要求。

一些方法论的支持者认为人们在开发中应当严格遵循他们提倡的方法,认为这些方法是解决一切软件开发问题的灵丹妙药。事实上,采用何种方法开发软件取决于很多因素,不能不考虑具体情况下不同制约条件的影响。

7.2.2 传统软件开发模型

7.2.2.1 **瀑布模型**

瀑布模型最早由 Royce 提出。该模型的过程排列后,酷似瀑布状。在该模型中,首先确定需求,并接受客户和 SQA 小组的验证。然后拟定规格说明,同样通过验证后,进入计划阶段。可以看出,瀑布模型中至关重要的一点是只有当一个阶段的文档已经编制好并获得 SQA 小组的认可才可以进入下一个阶段。这样,瀑布模型通过强制性的要求提供规约文档来确保每个阶段都能很好地完成任务。但是实际上往往难以办到,因为整个的模型几乎都是以文档驱动的,这对于非专业的用户来说是难以阅读和理解的。

7.2.2.2 **快速原型开发**

快速原型模型在功能上等价于产品的一个子集(注意,这里说的是功能上)。瀑布模型的缺点就在于不够直观,快速原型法就解决了这个问题。一般来说,根据客户的需要在很短的时间内解决用户最迫切需要,完成一个可以演示的产品。这个产品只是实现部分的功能(最重要的),它最重要的目的是为了确定用户的真正需求。这种方法非常的有效,原先对计算机没有丝毫概念的用户往往会在原型前口若悬河,提出让人非常吃惊的看法。在得到用户的需求之后,原型将被抛弃。因为原型开发的速度很快,设计方面是几乎没有考虑的,如果保留原型的话,在随后的开发中会为此付出极大的代价。至于保留原型方面,有一种叫做增量模型是这么做的,但这种模型并不为大家所接受。

快速原型开发适用于高风险的项目,当用户无法清楚地表达自己的需求时,项目经理应该可以迅速地引导客户使用快速原型的方法来避免由于需求变更而带来更大的损失。

7.2.3 统一软件开发过程

RUP 是 Rational 公司经过不断的实践和理论总结发展出来的一套软件开发统一过程(Unified Process)的思想集和方法集。RUP 把软件开发过程分成 4 个阶段(phases)和 9 个核心工作流程(Core Workflows)，通过一次次的迭代（iterations），完成整个的软件生命周期。RUP 可以把软件开发过程分到非常细小的单位，每个角色（workers）都参与活动（activities），产生出工件（artifacts）。由于精密的控制，所以 RUP 可以胜任于超大型的项目开发。虽然 RUP 定义了很多微小的活动，但是由于 CASE 工具的使用，它并不会像传统瀑布模型那样陷入文档的海洋中。RUP 通过适当的剪裁，同样可以适用于较小型的项目。

迭代式模型是 RUP 推荐的周期模型。在 RUP 中，迭代被定义为：迭代包括产生产品发布（稳定、可执行的产品版本）的全部开发活动和要使用该发布必需的所有其他外围元素。所以，在某种程度上，开发迭代是一次完整的经过所有工作流程的过程，至少包括需求工作流程、分析设计工作流程、实施工作流程和测试工作流程。实质上，它类似小型的瀑布式项目。RUP 认为，所有的阶段（需求及其他）都可以细分为迭代。每一次的迭代都会产生一个可以发布的产品，这个产品是最终产品的一个子集。

7.2.4 敏捷开发

敏捷开发（Agile Development）被认为是软件工程的一个重要的发展。它强调软件开发应当能够对未来可能出现的变化和不确定性作出全面反应。

敏捷开发被认为是一种轻量级的方法。在轻量级方法中最负盛名的应该是极限编程（Extreme Programming，简称为 XP），还包括 Crystal、ASD、SCRUM、FDD 等。本书中将这些方法通称为敏捷方法，因为它们都有共同的特点，即迭代、测试驱动开发、对变化的适应、对人性的关注等。

XP 是一种审慎的（deliberate）、有纪律（disciplined）的软件生产方法。XP（Extreme Programming）植根于 20 世纪 80 年代后期的 Smalltalk 社区。90 年代，Kent Beck 和 Ward Cunningham 把他们使用 Smalltalk 开发软件的项目经验总结和扩展，逐步形成了一种强调适应和以人为导向的软件开发方法。

XP 的核心是四大价值，即改善沟通（communication）、寻求简单

(simplicity)、获得反馈(feedback)和富有勇气(courage)。在此基础上，XP 总结出了软件生产的十余条做法(practice)，涉及软件设计、测试、编码、发布等各个环节。与其他轻量级方法相比，XP 独一无二地突出了测试的重要性，甚至将测试作为整个开发的基础，每个开发人员不仅要书写软件产品的代码，同时也必须书写相应的测试代码。所有这些代码通过持续构建和集成(Continuous Build & Integration)为下一步的开发打定了一个高度稳定的基础平台。有了这样的基础平台的保证，XP 就可以实施软件设计的再造(refactoring)。XP 的设计理念是，在每次迭代周期仅仅设计这次迭代所要求的产品功能，上次迭代周期中的设计通过 refactoring 形成此次的设计。

2001 年 2 月，17 位轻量级软件开发方法的创始人和专家，包括 Kent Beck、Alistair Cockburn、Jim Highsmith 等，共同发布了敏捷软件开发宣言(The Manifesto for Agile Software Development)。这表明，在软件业经历了无数次的项目失败之后，人们开始反思软件开发的工程特性，反思计划和控制的有效性，反思过去对于不确定性的态度和反应。敏捷方法终于被这个行业以及这个行业中的一些人所认识、理解和推崇。

7.2.5 使用敏捷方法开发 GWS

重量级方法强调以开发过程为中心，而不是以人为中心。已有研究者对 USDP 在 GIS 软件开发中的应用进行了研究。而敏捷方法比较适合进行学术研究时进行的原型开发，因为参与人数较少，需要较高的灵活性等。

敏捷方法相对松散，在开发人员数量超过一定限度时，就难以控制了。重量级方法的额外开销太大——过程定义、过程部署、过程维护以及过程审计都给正常开发带来了大量额外负担。敏捷方法强调团队的充分交流，最大限度地发挥人的创造力；它不是通过制定大量的规则来限制人的行动(当然其遵守必要的规范)，开发的团队中的每一个人都能自由地发挥创造力，毕竟软件开发是创造性的劳动。相比之下，RUP 更适合大型项目，因为大的团队往往需要严格的规章制度。敏捷方法通常适合于小团队,但在实际中也有例外,如 XP 方法的第一个项目就是克莱斯勒公司的一个名为 C3 的大型项目。

自 20 世纪 60 年代以来,人们在软件工程领域做了大量的工作,逐渐形成了系统的软件开发理论、技术和方法,它们在软件开发实践中发挥了重要作用。然而,随着软件规模的不断扩大和软件复杂性的不断提高,传统的软件开发方法已逐渐不能适应当代软件开发的需要,在这种背景下提出了一种全新的软件开发方法——测试驱动开发。测试驱动开发是极限编程(Extreme Programming)的重要特点,它不断地测试推动代码的开发,既简化了代码,又保证了软件质量。

所谓测试驱动开发,就是在开发前根据对将要开发的程序的要求,先写好所有测试代码,并且在开发过程中不时地通过运行测试代码来获得所开发的代码与所要求的结果之间的差距。测试驱动开发以测试作为开发过程的中心,它要求在编写任何代码之前,首先编写用于定义产品代码行为的测试,而编写的产品代码又以使测试通过为目标。测试驱动开发要求测试可以完全自动地运行,在代码进行重构前必须运行测试。要理解测试驱动开发,必须先理解测试。测试就是通过对源代码的运行或者别的方式的检测来确定源代码之中是否含有已知或者未知的错误。

有人可能会有疑问:既然我还没有开始写代码,我怎么能够写测试代码呢?这是因为,虽然我们还没有写出任何实现代码,但是我们可以根据对代码的要求从使用者的角度写出测试代码。事实上,在开发前写出测试代码,可以检测你的要求是不是完善和精确,因为如果写不出测试代码,表示你的需求还不够清晰。

和传统的软件测试不同,TDD 不仅仅是软件单元测试,它更是个渐进的(incremental)设计方法。测试驱动开发的基本步骤如下:

(1)写一个测试程序。

(2)让程序编译通过。

(3)运行测试程序,发现不能运行。

(4)让测试程序可以运行。

(5)消除重复设计,优化设计结构。

TDD基于单元测试(Unit Test)技术,单元测试是在软件开发过程中需要进行的最基础的测试活动,在单元测试活动中,软件的独立单元将在与程序的其他部分相隔离的情况下进行测试。在程序设计过程中会有许多种测试,单元只是其中的一种,单元测试并不能保证程序是完美无缺的,但是在所有的测试中,单元测试是第一个环节,也是最重要的一个环节。单元测试是一种由程序员自行测试的工作。简单点说,单元测试就是测试代码撰写者依据其所设想的方式执行是否产生了预期的结果。

采用单元测试(TDD)的优点包括以下几点:

(1)减少程序的Bug。

(2)提高开发速度。一般大家都认为单元测试会浪费时间,这是一个误区。在实践工作中,进行了完整计划的单元测试和编写实际的代码所花费的精力大致上是相同的。一旦完成了这些单元测试工作,很多Bug将被纠正,在确信他们手头拥有稳定可靠的部件的情况下,开发人员能够进行更高效的系统集成工作。这才是真实意义上的进步,所以说完整计划下的单元测试是对时间更高效的利用。

TDD使开发人员能够及时发现、修改程序中的错误,错误发现得越早,修改得越及时,需要的成本就越低。无论什么时候作出修改都要进行完整的回归测试,在生命周期中尽早地对软件产品进行测试将使效率和质量得到最好的保证。在提供了经过测试的单元的情况下,系统集成过程将会大大地简化。开发人员可以将精力集中在单元之间的交互作用和全局的功能实现上,而不是陷入充满很多Bug的单元之中不能自拔。从整体上看,使用TDD可以提高项目的开发速度。

(3)使程序代码更整洁,优化程序的设计。测试驱动开发要求开发人员对程序不停地重构,通过重构可以优化程序的结构,消除程序的潜在错误。

(4)编写单元测试代码的过程实际上就是设计程序的过程。在编写单元测试代码时,我们实际上是在思考我们的程序根据预期会返回什么结果,它实际上就是程序设计的过程。而通过重构过程,我们可以对这些设计进行很好的优化。同时,为了使自己的代码可以通过测试,开发人员需要很好地考虑程序的设计，TDD要求在编写代码的过程中每时每刻都为了方便地进行和通过测试而在优化自己的设计。它实际上是把开始阶段很大很抽象的设计分散到所编写的每个方法中。

7.3 开发过程

基于REST的GIS Web服务的开发过程与一般意义上的Web服务开发并不相同，主要包括资源确定、传输格式的设计、资源URI支持的操作、状态代码等几个部分。

7.3.1 确定资源并分配URI

7.3.1.1 确定资源

资源是REST Web服务的核心概念，任何可通过URI定位的东西都可称为资源。GWS间的互操作通过URI进行，因此确定系统的主要资源，为这些资源分配URI是建立系统的第一步。根据我们在第5章中的分析，GWS系统的资源可分为以下几类：

(1)GWS服务索引。主索引包括网站提供所有GWS服务的列表，分类索引包括某类GWS服务的列表，如人机交互服务、地理模型/信息管理服务、工作流/任务管理服务、地理信息处理服务和地理信息通信服务等。用户可通过这些服务索引访问特定GWS服务。

(2)GWS服务实例。系统提供的各种地理空间服务，每个GWS服务分配一个URI链接。如OGC的WMS服务的位置可以是http://www.example.com/gws/human-interaction/wms；服务的用户通过该URI与WMS交互，获取服务元数据并调用该服务。

(3)GWS服务元数据。包括对网站提供服务进行总体说明的元数据，以及具体GWS实例的元数据。服务实例的元数据除了对GWS服务本身有关信息的说明外，还包含指向为请求消息、返回消息的格式进行约束的XML模式的链接。

7.3.1.2 URI的分配

每个资源都应有一个独立的URI。如GWS服务主索引的URL

是 http://www.example.com/GWS,服务的分类索引为 http://www.example.com/GWS/human_interaction、http://www.example.com/GWS/information_management、http://www.example.com/GWS/workflow_management、http://www.example.com/GWS/processing 等。

7.3.2　GWS 服务通信协议的格式

GWS 软件代理之间通过 XML 消息通信。因为 GWS 选择使用基于文档(Document/Literal)而不是 RPC 编码的方式进行通信,设计 GWS 间交互采用消息的模式(schema)是系统实现的关键一步。如果使用基于 RPC 编码的方式进行通信,就要先设计接口(方法签名)。

7.3.3　资源(URI)支持的操作

HTTP 协议支持 GET、POST、PUT 和 DELETE 四个主要操作(见表 7.1)。操作的数目虽少,和数据库支持的基本操作(创建、获取、更新、删除,CRUD)却有惊人的一致。众所周知,CRUD 是数据库各种复杂功能实现的基础,HTTP 协议支持的这四种操作也可实现复杂的逻辑。

表 7.1　HTTP 操作与数据库基本操作对比

HTTP 操作	CRUD 操作	说明
GET	获取/读(RETRIEVE)	获取资源的表示
POST	创建(CREATE)	创建资源
PUT	更新(UPDATE)	更新资源
DELETE	删除(DELETE)	删除资源

从表 7.1 可以看出,HTTP 的 GET 操作常用于获取资源的表示,REST 则进一步要求 GET 操作不应有副作用(不对资源进行修改)。PUT 用于资源更新、DELETE 用于删除资源,而 POST 操作"提交数据块供(服务器端)处理",具有更多功能,可用于资源的创建、更新、删除

等。也就是说,GET 相当于只读操作、POST 相当于读写操作(写操作当然包括更新、删除等),通过 GET 和 POST 即可实现上述 CRUD 的功能。

另外,除了 GET 和 POST 操作外,对其他操作的支持需要服务器和客户端的特殊配置。比如,浏览器本身并不支持 PUT 和 DELETE,但可以使用 Javascript 脚本实现。让 Web 服务器支持 GET 和 POST 外的操作,也要进行特别的设置。因此,本书中主要考虑 GET 和 POST 两种操作的使用,如果确实有使用其他操作的需求,也可通过进行额外的配置/编程实现。

7.3.4 HTTP 响应码

HTTP 协议要求每条 HTTP 响应消息都以状态行开始。服务器通过该状态行向用户代理说明请求成功、失败、无效请求、服务器内部错误等。基于 REST 的应用可充分利用 HTTP 协议作为应用层协议的特点、利用 HTTP 的现有状态响应机制,而不是从零开始创建定制的状态码。

HTTP 的响应码包括 5 类:

(1)信息类响应(以 1 开头的 3 位整数,使用 1×× 的形式),较少使用。

(2)成功类响应(2××),表示服务器收到并理解客户发出的请求,并能根据请求方法进行适当的响应。

(3)重定向类响应(3××),用于通知用户代理,为完成请求需采取附加行动。

(4)客户错误响应(4××),说明由于客户请求不当(语法错误、未授权、资源不存在等)产生的错误。

(5)服务器错误响应(5××),说明服务器出错。

7.4 GIS Web 服务实践

上文中提出了 GIS Web 服务的框架和设计思路,把上述理论转化为实用的产品还有漫长的征途,考虑到软件工程的复杂性,任何一个组件的编写都不是一两个人在短期内可以完成的工作。理论上不同模块可以位于不同机器上,但为便于实施,放在同一机器上,不考虑模块分布在网络上不同机器的问题。下面是根据 GIS Web 服务的理论,完全从实用的角度出发,实现 GIS Web 服务的一些尝试。在实践中,优先考虑已有的 GIS 组件、工具,而不是花费大量的时间构造这些软件,毕竟本书真正需要解决的问题是:在现有 GIS 软件、组件、工具的基础上,构建可互操作的 GIS Web 服务;当然,GWS 必须以某些特定的技术、平台为基础,下面分别对有关内容进行探讨,说明 GWS 实践中进行的选择,并给出了作出这些选择的理由。

7.4.1 开发环境

7.4.1.1 操作系统

功能丰富的操作系统是任何计算设施的基础。尽管 GIS Web 服务的设计要求之一是跨平台,要求在主流操作系统(如 Windows、MAC OS X、各种 Unix、Linux 等)上都能够有效运行。考虑到某些关键应用(如军事、安全部门)对系统整体安全性的要求,盲目使用封闭的操作系统可能会有潜在隐患。另外,GIS 软件的开发、相关研究大多基于 Windows 平台,在其他操作系统上进行 GIS 开发的实践不多,Linux 作为开放源码操作系统的重要性日益突出,GWS 将使用 Debian Linux 作为开发平台。

Linux 是自由的、开放源代码的类 Unix 系统,它把传统的 Unix 工作站的功能带到了一般的个人电脑上。近年来,Linux 操作系统的发展日新月异,不仅得到了包括 IBM、HP 在内的许多 IT 厂商的大力支持,也被我国政府认为是要大力发展的关键技术之一。Linux 已成为迄今为止功能最完善、使用最广泛的开放源码操作系统。

Linux 上有大量可以免费获得的工具、实用小程序和全功能的应用软件。Linux 为高级用户和程序员提供了众多的编程语言和编译程序。对绝大多数计算需求而言,Linux 用户不用发愁没有合适软件可用。Linux 作为服务器的可靠性值得信赖,因此 Linux 是开发、部署

GIS Web 服务的理想平台。

7.4.1.2 编程语言

Java 可以说是现在进行网络应用开发使用最广泛的语言，但并不是说 Java 就是最合适的语言。ActiveGrid 公司的总裁 Peter Yared 在他的一篇文章中指出，Java 不能很好地满足当前的企业应用需求。现在迫切需要的是能够很好封装 XML、高效处理文本、便于表达控制流的语言/环境。PHP、Perl、Python 等语言可以很好地满足上述需求。

Python 是个面向对象的高级解释型语言，由于其简单灵活、功能强大，在商业、政府部门、学术界、游戏开发等领域都得到了成功应用。迪斯尼公司选择 Python 语言作为定制软件功能的首选语言，公司的资深软件工程师 Brent Burley 指出"Python 已成为公司(软件开发)工具箱的关键组成部分"。Google、NASA、Red Hat 等也是 Python 语言的忠实用户。

Python 的主要特点包括：

(1)跨平台。Python 语言支持所有的主流的操作系统，如各种版本的 Windows、Linux、Unix 等；还有运行在 Java 虚拟机上的版本 Jython，.NET 上的 IronPython 等。

(2)简单易用、功能强大。比如用 Python 语言实现一个简单的 Web 服务器，只用下面两条语句：

```
import SimpleHTTPServer          ＃导入相应模块
SimpleHTTPServer.test()          ＃调用该模块的 test 函数
```

上述语句即可把用户主目录下内容通过 Web 服务器在端口 8000 送出(见图 7.1)，以便其他用户访问。用其他语言如 Java 实现上述功能，可能会用 5～10 倍以上的语句(Java 实例技术手册中 HttpMirror 程序实现类似功能用了 31 条语句，不包括注释)。当然，这种说法主要是程序员的经验之谈，在 comp.lang.Python 新闻组上能找到很多程序员的证言。

(3)易于扩展。解释型语言和编译型语言相比，尽管开发速度快，运行效率有时不能令人满意。性能瓶颈可以用 C 或 C++ 语言编写成 Python 扩展模块，从而优化程序的整体性能。

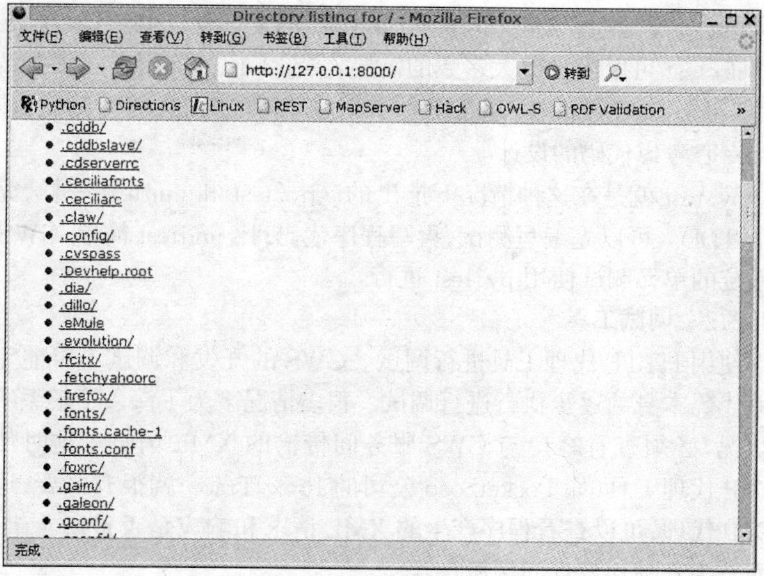

图 7.1 一条 Python 语句实现的 Web 服务器

(4)支持多范型(paradigm)编程,包括过程式编程、面向对象、functional 等。

(5)可读性强、容易理解,有可执行伪码之称。

(6)更高的开发效率。使用 Python 语言,可提高程序员效率,缩短软件开发周期,节约人力物力。

(7)使用 Python 编写的程序易于维护。

(8)Python 有很多 Web 应用服务器(框架),如 Zope、Webware、Skunkworks 等。

7.4.2 使用工具

7.4.2.1 测试工具

Python 语言内置的单元测试模块是 unittest,演变自著名的 Java 测试工具 JUnit。因此,unittest 继承了 JUnit 的编写测试的复杂框架(test case、test fixture、test runner 等),而且是基于类继承的机制。

Python 开发者很少有人喜欢 unittest 的复杂性，因此开发了 doctest。doctest 可以满足绝大多数的需要，实在不行，也可和 unittest 结合使用。doctest 比较简单，通常是在 Python 解释器内边写边测试，让人很难专心考虑代码的设计。

py. test 就是在这种情况下推出的。py. test 和 unittest 一样，完全基于 TDD。可以先编写测试，再写程序代码；比 unittest 简单，GWS 原型系统的单元测试使用 py. test 进行。

7.4.2.2 调试工具

使用 HTTP 代理工具进行调试。GWS 的开发和调试不可能完全依赖代码本身的逐步执行进行调试。很多情况下为了深入了解系统运行状况，必须查看客户与 GWS 服务间传输的 XML 消息。这时使用 HTTP 代理工具(如 PocketSoap 公司的 ProxyTrace)就很有必要，通过 HTTP 代理，可以查看程序产生的 XML 请求和响应是否是所希望的，从而较为容易地发现问题所在。

7.4.3 服务器端解决方案

7.4.3.1 空间数据库

管理、加工地理空间数据是 GIS 系统的基础。对于许多 WebGIS 应用来说，能存储、查询地理空间要素并有 Web 访问界面的数据库系统是关键技术。PostGISi 是该领域领先的一个开放源码实现，它是著名的数据库 PostgreSQL 的空间扩展模块(像 Oracle 数据库的 Spatial Extension)。

PostgreSQL 是一个具备工业强度的开放源码对象——关系数据库，它具有对点、线、多边形、圆形等几何数据类型的内置支持。它还支持基本的地理空间操作和几何查询功能，如查询多边形内的要素、计算几何要素集合的边框等。

PostGIS 为 PostgreSQL 增加了丰富的地理空间处理功能，使其成为真正的空间数据库。增加的内容包括：所有矢量要素类型，GiST 空间索引，利用开放源码的函数库 Proj4 实现坐标变换、投影，以及其他不断增加的 GIS 功能。

要使 PostGIS 表格成为空间数据表,只要用 SQL 函数 Add Geometry Column 为其添加一几何列;该列定义几何类型,也可以定义一个空间参照标识符,该标识符与空间参照系统表(其中定义了 1 700 多个空间参照系)相连。把空间数据载入 PostGIS 是通过简单的 SQL 插入语句进行的,可以有几种不同方式,如从命令行手工调用,把 SQL 命令放入文本书件批处理,或由其他应用程序(如 PHP 或 Java 服务器端小程序等)插入。比如,通过鼠标点击捕获的地理编码的点(可以是在基于浏览器的 SVG 地图上点击,也可以是 ArcView 或 Mapinof 软件内),能很容易地传给服务器端的 PHP 脚本或 Java 小程序,再装入 PostGIS 中。

7.4.3.2 Web 服务功能实现

美国明尼苏达大学的 Mapserver 是个开放源码的地图服务器,功能丰富,拥有大量用户。Mapserver 可使用简单的 CGI 接口或更高效的 FCGI 接口与 Web 服务器连接、生成地图,其主要功能包括:

(1)使用多个数据源的数据生成专题图层,数据源包括 ESRI 公司的 shape 格式,空间数据库(PostGIS,Oracle Spatial,ESRI 的 SDE),地理定位的栅格图像(GeoTIFF)等。

(2)地图符号可以定制,支持要素透明,可使用 JPEG 和 PNG 格式的图像作为点状符号。

(3)要素绘制可以独立于比例。

(4)可以通过逻辑表达式或正则表达式构造专题图。

(5)自动生成比例尺、图例等地图要素。

(6)对 ESRI 的 shape 格式文件可进行四叉树空间索引。

(7)高级客户端功能,如数字化、距离测量等,可以通过 DM Solutions 公司开发的开放源码程序——Rosa Applet 实现。

Mapserver 提供了大部分机构需要的几乎所有 Web 制图功能。由于不需要软件许可证的费用,Mapserver 与 PostGIS 和 Rosa Applet 一道,把空间信息资源推向网络,是专有互联网地图服务器(对部分机构而言过于昂贵)的有力竞争者。基于 Mapserver 的 Mapscript 则通过 Java、PHP、Python、Perl 等语言提供对 Mapserver 进行扩展的机制,使用 Mapscript 可编写定制的地理空间服务。GWS 的空间服务器即以 Mapserver + Mapscript 为核心。

7.4.4 客户端解决方案

7.4.4.1 **胖客户**

胖客户通常自身完成必要的处理，提供相应功能。对服务器端和系统其他组件的要求较低。网络环境中的胖客户端包括使用 Java 小程序或插件的浏览器和独立的程序，这类客户端把系统中服务器等组件的部分地理处理功能转移到客户端实现，还可以支持较为复杂的用户输入。

7.4.4.2 **瘦客户**

瘦客户依赖于系统中其他组件(如服务器、中间件等)提供的服务，完成相应功能。通常大部分的数据管理工作也由其他组件完成。在网络环境中，瘦客户可以是浏览器。这样瘦客户端只支持简单的用户输入，如在地图上或网页表单控件上的单击。

与胖客户相比，瘦客户易于构建，提供有限的功能，灵活性较差，对于内存和 CPU 的要求不高，比较适合 PDA 和移动设备。胖客户与此相反，它要求较强的计算能力，会占用计算机大量的资源，且胖客户的灵活性较高，其本身具备的地理计算、处理能力较强。

GWS 原型的实现使用瘦客户——浏览器和 Javascript 实现。浏览器最为普及，几乎每台计算机上都有，浏览器是支持跨平台技术的最佳选择。

而且在过去的几年间，Javascript 得到了长足的发展。不同浏览器间对 Javascript 支持不一致现象大大好转，Javascript 已成熟起来，可以用于生产系统。google 推出的 gmail 就大量地使用了 Javascript。

第 8 章　结论与展望

8.1　结论

GIS Web 服务是 IT 技术与 GIS 进一步融合的必然结果。本书在学习和总结国内外大量研究成果的基础上，对广义上的 Web 服务，特别是 REST Web 服务技术，在空间信息领域的应用的理论和方法进行了系统的探讨和研究，并就其实现机制进行了一系列的探索。归纳起来，本书的研究成果和创新点主要体现在以下几个方面：

(1)对 GIS Web 服务的研究内容、研究与应用现状进行了全面、深入的探讨。

(2)对 GIS Web 服务的技术背景作了全面总结。

(3)对主要的分布式计算平台，包括微软公司的.NET、Sun 公司的 J2EE 和 OMG 的 CORBA 等，进行了对比分析，分别指出其优势与弱点。特别地，对基于 SOAP 协议的 Web 服务与基于 REST 的 Web 服务的特点进行比较，指出使用基于 REST 架构风格的 GIS Web 服务具有松散耦合、互操作性、开放性等特点，对于 GIS 互操作的实现具有重要意义。

(4)在探讨 GIS Web 服务概念的基础上，提出了基于 REST 的 Web 服务(GWS)的技术模型，指出 GWS 技术模型是个主要由客户层、服务层、应用逻辑层和数据层组成的多层架构，对 GWS 技术模型中层次的划分进行了说明，并指出了 GWS 优势以及和 Web GIS 的不同。

(5)以 GWS 技术模型为基础，就基于 REST 的 GIS Web 服务的实现机制，包括服务描述机制、服务定位与发现(服务元数据的表示形式)、服务交互与调用和安全机制等方面进行了深入阐述。

(6)在 GIS Web 服务的理论研究基础上，探讨设计、实现 GIS Web

服务需考虑的问题，包括设计目标、开发方法、技术手段等；使用敏捷软件开发方法进行系统开发，实现了基于 REST 的 GIS Web 服务原型系统。

8.2 进一步的研究方向

由于 GIS Web 服务是个比较复杂的新课题，在该领域需要解决的问题还有很多。GIS Web 服务涉及的一些外围技术仍在不断演化之中，掌握这些技术并用于 GIS Web 服务的开发需要相当长的时间。因此，本书只是部分地验证、实现了提出的观点和技术方案。通过一段时间的研究，作者认为还有以下几个问题待解决：

(1)进一步建立和发展基于 REST 的 GIS Web 服务的技术框架，并推向实用层面。

(2)对 GWS 与空间信息网格(Spatial Information Grid, SIG)的关系进行探讨，探索在空间信息网格中实现 REST GWS 的可行性和必要性。

(3)对使用语义 Web 技术(包括 RDF、OWL 等)描述网络地理信息服务进行更深入的研究，制定使用相关技术的地理信息服务元数据规范。

(4)结合 OGC 的有关规范，对基于接口的 GIS 互操作进行更进一步的研究，探索基于接口的 GIS 互操作的局限性及其可以解决的问题。

参考文献

[1] Longley P, Goodchild M, Maguire D, et al. 地理信息系统(上卷)[J]. 原理与技术,1999.

[2] 卢亚辉, 杨崇俊. 基于 Web Service 的 WebGIS 系统的研究[J]. 计算机工程与应用, 2003,25.

[3] 邬伦, 唐大仕, 刘瑜. 基于 Web Service 的分布式互操作的 GIS[J]. 地理与地理信息科学, 2003,14(4).

[4] 张宏, 李斌, 夏秋勤,等. 基于 Web 服务的 GIS 系统构想[J]. 计算机工程,2003,29(10).

[5] 陈强, 张超. 基于 Web Service 跨平台空间信息服务模型[J]. 华中科技大学学报,31(增刊):355.

[6] 陈述彭, 鲁学军, 周成虎. 地理信息系统导论[M]. 北京:科学出版社,1999.

[7] 邬伦,等. 地理信息系统——原理、方法与应用[M]. 北京:科学出版社,2001.

[8] 王家耀. 空间信息系统原理[M]. 北京:科学出版社,2001.

[9] 姚娜. GIS、Mapinfo 与 MapBasic 教程[M]. 北京:北京大学出版社,2000.

[10] 龙明,王晓明,冯猛,等. 基于 XML 的 WebGIS 体系结构[J]. 测绘学院学报, 2004, 21(2): 121-123.

[11] 何建邦,闾国年,吴平生. 地理信息共享的原理与方法[M]. 北京:科学出版社,2003.

[12] 陈军,邬伦. 数字中国地理空间基础框架[M]. 北京:科学出版社,2003.

[13] 承继成,林珲,周成虎. 数字地球导论. 北京:科学出版社,2000.

[14] 龚健雅. 地理信息系统基础[M]. 北京:科学出版社,2002.

[15] Hunt C. TCP/IP 网络管理[M]. 北京:电子工业出版社,1997.

[16] David Chappell, Tyler Jewell. Java Web 服务[M]. 北京:中国电力出版社,2003.

[17] Frankel D. 应用 MDA[M].北京:人民邮电出版社, 2003.
[18] Walmsley P. XML 模式权威教程[M]. 北京:清华大学出版社, 2003.
[19] David Carlson. XML 应用的 UML 建模技术[M].北京:清华大学出版社, 2003.
[20] 荀攸. Web 服务铺就 SOA 之路[J]. 计算机世界, 2004(18):4,5.
[21] 敖正勇. 澄清对 Web 服务的误解[J]. 计算机世界,2004(7):12.
[22] 冯冲, 江贺, 冯静芳. 软件体系结构的理论与实践[M].北京:人民邮电出版社,2004.
[23] 许卓明, 栗明, 董逸生. 基于 RPC 和基于 REST 的 Web 服务交互模型比较分析[J]. 计算机工程,2003,29(20):6-8.
[24] T Berners-Lee, J Hendler, O Lassila. The Semantic Web[J]. Scientific American,2001,284(5):34-43.
[25] Peltzer D. .NET 与 J2EE 互操作[M]. 北京:清华大学出版社, 2004.
[26] Mack Hendricks, Ben Galbraith. Java Web 服务编程指南[M].北京:电子工业出版社,2002.
[27] 张宏,李斌,夏秋勤,等. 基于 Web 服务的 GIS 系统构想[J]. 计算机工程, 2003(6).
[28] Krishnamurthy B,Rexford J. Web 协议与实践[M].北京:科学出版社,2003.
[29] 李琦,曾澜,苗前军,等.空间信息基础设施与互操作[M]. 北京:科学出版社,2003.
[30] Ramachandran J. 设计安全的体系结构[M].北京:机械工业出版社,2003.
[31] Garfinkel S,Spafford G. 实用 UNIX 和 Internet 安全技术[M].北京:电子工业出版社,1999.
[32] Hare C, Siyan K. Internet 防火墙与网络安全[M].北京:机械工业出版社,1998.
[33] Anonymous, Ray J. Linux 安全最大化[M]. 2 版.北京:电子工业

出版社,2002.
[34] Kabir M. Apache 服务器实用大全[M].北京: 中国水利水电出版社,1999.
[35] Bruce G,Dempsey R. 分布式计算的安全原理[M].北京:机械工业出版社, 2002.
[36] Hartman B,Flinn D. 全面掌握 Web 服务安全性[M].北京:清华大学出版社, 2004.
[37] 李满春, 任建武, 陈刚,等. GIS 设计与实现[M].北京:科学出版社,2003.
[38] Goldfedder B.模式的乐趣[M]. 北京:清华大学出版社,2003.
[39] David Flanagan. JAVA 实例技术手册[M].2 版.北京:中国电力出版社,2001.